ÉTUDES ET SOUVENIRS

SOUVENIRS D'ITALIE — LÉON XIII POÈTE
UNE VISITE AU MONTORIO

PAR

M. L'ABBÉ PAUL BARBIER

PREMIER AUMÔNIER DU PENSIONNAT SAINT-EUVERTE D'ORLÉANS

TOURS

ALFRED MAME ET FILS

ÉDITEURS

ÉTUDES

ET SOUVENIRS

—

3ᵉ SÉRIE GRAND IN-8°

Église Saint-Antoine, à Padoue.

ÉTUDES ET SOUVENIRS

SOUVENIRS D'ITALIE

LÉON XIII POÈTE

UNE VISITE AU MONTORIO

PAR

M. L'ABBÉ PAUL BARBIER

PREMIER AUMONIER DU PENSIONNAT SAINT-EUVERTE D'ORLÉANS

TOURS

ALFRED MAME ET FILS, ÉDITEURS

M DCCC XCV

Le présent volume est composé de trois parties
d'inégale étendue : *Souvenirs d'Italie, Léon XIII
poète,* et enfin *une Visite au Montorio.*

La première partie complète les impressions de
voyage que nous avons publiées sous le titre de :
Italie.

La seconde est une traduction commentée des
poésies de Léon XIII.

La troisième consigne quelques-unes des réflexions
que peut faire un chrétien sur le sommet de cette
colline fameuse où fut martyrisé le premier pape.

Nous espérons qu'on lira ces pages avec d'autant
plus d'intérêt, que le sujet en est plus varié.

D'ailleurs, si mal qu'on en parle, l'Italie, avec ses
grands souvenirs historiques et religieux, ses œuvres
d'art, son sol pittoresque, son peuple si différent

du nôtre, l'Italie illustre des temps antiques, l'Italie ingrate des temps modernes, a toujours des charmes pour un lecteur français. Elle lui rappelle des gloires, des trahisons et des hontes qu'il ne saurait oublier.

Quant à Léon XIII, il a conquis un tel rang parmi les grands hommes de ce siècle, que rien de ce qu'a produit sa haute et féconde intelligence ne peut désormais nous être indifférent.

Enfin, Pierre et les origines de l'Église, ces premières luttes si simples et si grandes, cette faiblesse étrange d'une société à son berceau devenant victorieuse et maîtresse dans un empire qui avait vaincu le monde, c'est là encore un de ces spectacles qui s'imposent puissamment à l'attention des hommes.

Nous l'avons écrit ailleurs, mais nous aimons à le répéter : malgré les efforts désespérés que l'on a faits en ces derniers temps pour moderniser l'Italie, on ne peut encore faire un pas sur son sol consacré par tant de glorieux souvenirs sans voir se dresser devant soi la sublime figure de l'Église catholique. Elle y respire dans l'air, elle y palpite dans la poussière des chemins, elle y vit dans les monuments radieux et dans les murailles en ruine, elle y parle par la voix du pape : obsédant fantôme pour l'impie qui voudrait la croire morte ; vision consolatrice pour le chrétien, qui, partout où il la rencontre, aime à la

saluer comme sa mère et la mère des nations modernes.

A ce point de vue, peut-être ces pages feront-elles quelque bien à ceux qui voudront les lire.

Nous le souhaitons de tout notre cœur, et en vérité nous n'avons pas d'autre ambition.

SOUVENIRS D'ITALIE

VÉRONE

31 août.

Nous sommes partis de Milan ce matin, mes deux amis et moi, juste à l'heure où le soleil, plus paresseux déjà, sortait de son lit de roses et de feu. La ville dormait encore; mais dans la campagne, où nous passons bientôt après, les paysans travaillent. De grandes femmes partent aux champs, les pieds dans la rosée, avec l'air de statues qui marcheraient. Tout, au loin, est d'une fraîcheur délicieuse. Une brise légère agite un peu les arbres encore ensommeillés, et les yeux se reposent avec une joie infinie sur les vallées, où s'unissent et se fondent tous les tons de la plus riche verdure. Les Alpes se montrent à gauche, sommets hardis marbrés à leur pointe de longues traînées de neige, et élevant au-dessus

des montagnes moins hautes leur interminable échine
noire et embrumée.

Près de Cassato, nous traversons l'Adda, qui coule à
pleins bords, formant ici et là de charmants îlots qu'elle
embrasse de ses eaux jaunâtres. Plusieurs rivières, plusieurs torrents, le Serio, l'Oglio. Puis une ville, Brescia.
Elle nous sourit et nous attire, avec ses clochers, ses dômes,
son château fort sur un mamelon, ses maisons blanches à
toits rouges semées sur les pentes. Mais qui ne sut se borner
ne sut jamais voyager. Nous passons. Le prodigieux entassement des Alpes que nous avons longé longtemps s'abaisse,
puis s'enfonce au nord en se relevant bientôt dans la brume
bleuâtre. Leurs derniers contreforts forment un hémicycle qui
s'ouvre vers le midi et fuit encore en se dégradant. Nous
traversons alors la plaine célèbre où se trouve Lonato,
Salo, Desenzano, Castiglione, Solférino, noms obscurs im-
mortalisés par les Napoléons. Un instant le lac de Garde se
montre. Il est tout noir, et soulevé par le vent qui tombe de
la montagne. Cependant sa pointe méridionale rit sous un
rayon de soleil. Nous entrons en Vénétie. Toujours les hauteurs à notre gauche ; à droite, la plaine immense, plantée
régulièrement de mûriers et de vignes chevelues, gracieusement mariées aux ormeaux. Enfin, voici Vérone, dans
son formidable cadre de bastions et de redoutes.

La première impression, en entrant dans Vérone, est gla-
ciale. Cela vous semble une ville à peu près aussi gaie
qu'un cimetière un jour où il n'y a pas d'enterrement.
De grands monuments, comme dans toutes les villes italiennes. Personne dans les rues, sauf en certains quartiers,
où toute la population semble s'être portée pour fainéanter
en compagnie. De grands hommes, en pleine force, restent
tout un jour à flâner à l'ombre. A Turin, à Milan, ici, on
les rencontre partout, et l'on ne peut les voir sans un pro-

fond sentiment de dégoût, de révolte et de pitié. Tant de forces humaines, tant de vies perdues, est une chose aussi lamentable que honteuse.

Nous visitons le musée, c'est vite fait; car, en dehors d'une collection assez riche d'inscriptions lapidaires, il ne contient rien de remarquable.

Le lac de Garde.

En sortant du musée, nous allons à *San-Fermo Maggiore;* après avoir admiré la belle façade décorée de marbre et d'ornements en terre cuite, nous voulons entrer. La porte est fermée. Un jeune homme se précipite et nous fait ouvrir l'église. C'est un jeune homme fort bien mis et fort bien élevé. Il nous cède le pas et entre avec nous. Nous faisons notre prière; il fait sa prière. Pendant une demi-heure au moins, nous nous promenons dans cette église un peu singulière, avec sa nef unique et son ancienne charpente en mélèze. Le monument de Brenzoni, avec ses sculptures du

Florentin Rossi, les fresques de Pisanello, de Falconetto et Torbido, attirent notre attention tour à tour. Notre jeune homme s'est assis et semble nous attendre. Enfin, nous partons; il se lève et nous suit.

« Mais que nous veut donc ce monsieur?

— Il veut deux sous, mon ami. »

En effet, l'un d'entre nous lui donne dix centimes; le jeune gentilhomme accepte sans rougir, et tourne les talons, enchanté de son aubaine.

Rendre un si mince service et attendre si longtemps une si mince récompense, voilà une bassesse de cœur dont, grâce à Dieu, les plus pauvres gens n'ont pas l'idée chez nous !

Le ciel s'assombrit, l'atmosphère épaisse et lourde vous pèse sur les épaules comme un manteau de plomb. C'est un orage qui monte.

Nous nous rendons malgré tout aux arènes, immense amphithéâtre bâti sous Dioclétien. L'extérieur paraît endommagé : le premier mur d'enceinte est presque détruit; mais l'intérieur, presque intact, garde sa physionomie primitive et son imposante grandeur. Nous passons sous les vomitoires, longues galeries pleines d'ombre; nous gravissons les gradins jusqu'au dernier. De là, debout sur l'épaisse muraille, nous regardons l'horizon qui s'étend là-bas, au-dessus des maisons, par delà les murs de la ville. Mais l'orage est maître du ciel; au milieu des éclairs et des tonnerres, il crève tout à coup, et l'eau et la grêle tombent à torrents.

Nous attendons sous les arcades qui restent du premier mur d'enceinte. Mais en Italie, quand le ciel se fâche, ce n'est jamais pour longtemps. Il a hâte de revoir cette terre si belle. En quelques minutes il se calme, se purifie, et reparaît avec toute la splendeur de son bleu triomphant.

Aussi n'auriez-vous pas tardé à nous rencontrer à *San-Zeno*.

L'église, quand on a franchi les portes ornées de bas-reliefs barbares, vous saisit par sa grandeur à la fois harmonieuse et austère. Tout sent le moyen âge : la crypte avec sa forêt de colonnes coiffées de figures lourdes et grimaçantes, l'église elle-même aussi bien dans sa forme générale que dans ses détails, statues hiératiques, chapiteaux enveloppés de feuillages ou étreints par des chiens, des serpents et des lions, tout jusqu'aux peintures, si remarquables pourtant, du vieux Mantegna lui-même. Ces peintures représentent la Vierge avec l'enfant Jésus entre des anges et des saints. Les figures sont encore un peu maladroites, mais comme elles sont sérieuses et graves, et combien saintement rayonnantes, dans le riant paysage où le peintre les a placées !

Il paraît qu'en 1870, M. Thiers, au cours d'un voyage fameux, voulut voir à toutes fins, malgré les graves préoccupations qui l'agitaient, le fameux tableau de *San-Zeno Maggiore*. Seulement le grand homme était très petit, et la toile est très élevée. Il se fit apporter une échelle, il y grimpa, et les coudes appuyés sur le dernier échelon, la tête appuyée sur ses mains, il resta plusieurs heures comme en extase.

Nous partageons son enthousiasme, mais nous ne pouvons pas aujourd'hui lui donner un aussi libre cours. En route donc.

Je relève dans le vieux baptistère de *San-Giovanni in Fonte,* reste d'une basilique du xiie siècle, la touchante ou maligne inscription suivante :

FERDINANDUS MANUELIUS,

CANONICUS ;

FUMUS, UMBRA, NIHIL.

Ce qui se traduit littéralement :

CI-GIT FERDINAND MANUELIUS,

CHANOINE ;

FUMÉE, OMBRE, NÉANT !

Nous voilà ensuite courant par la ville, traversant la *piazza delle Erbe*. Une colonne de marbre au nord porte le lion de saint Marc. Tout le long de la place, des marchands et des marchandes. Des pastèques toujours, des concombres, des piments, des poissons, de la viande, du linge aux couleurs vives. La grande tour de l'horloge domine ce bazar en plein air. Elle a un air maussade et dur.

Une petite rue à gauche nous conduit sur la place *dei Signori,* place très curieuse, où les monuments surabondent. C'est l'escalier grandiose du *Mercato Vecchio ;* c'est le tribunal, c'est la préfecture, ancien château des Scaliger ; c'est surtout la *Loggia,* ou palais du Conseil, édifice charmant des premiers temps de la renaissance italienne ; c'est, au milieu de la place, une statue toute moderne de Dante, qui, aux jours malheureux de son exil, fut ici, à diverses reprises, l'hôte de *Can Grande.*

Mais de tous ces monuments, les plus curieux sont à coup sûr les mausolées des Scaliger, serrés les uns contre les autres sur le flanc de la vieille église de *Santa-Maria Antica.* Ils sont entourés de grilles en fer forgé qui sont de véritables chefs-d'œuvre artistiques. Ouvrées par ces admirables artisans du moyen âge, dont les doigts puissants savaient faire plier les plus durs métaux aux caprices de l'imagination la plus originale, ces grilles ont toutes les délicatesses et tous les ornements possibles. L'une d'elles est une vraie dentelle de fer, sur laquelle courent à l'envi

Vérone.

les festons et les guirlandes fleuronnées. Parmi ces tombes, les unes sont frustes; ce sont de simples cuves de grès rouge aux bas-reliefs grossiers, taillées d'un seul bloc, comme les hommes redoutables dont elles renferment les cendres. Mais les autres, deux surtout, se dressent devant le regard comme l'affirmation de l'orgueil, de la puissance et de l'art. Ces deux tombeaux sont deux merveilles de ce gothique si orné par nature, et sur lequel le génie italien sut raffiner encore. C'est un sarcorphage surmonté d'un baldaquin, lequel est surmonté lui-même d'une statue équestre. Le premier est celui de *Mastino II;* le second, celui de *Can Signorio*. Ce dernier est le plus riche : colonnes, clochetons fleuris, statuettes de guerriers couverts d'armures, anges implorant Dieu, tout cela s'élance, se tord, s'enchevêtre, s'évide, se contourne, s'amincit, et finit par faire une œuvre exquise, dans laquelle s'entremêlent tous les caprices du rêve. Ce n'est pas beau; c'est étrange et c'est joli, un peu comme le serait un morceau détaché de la Sainte-Chapelle.

Les rudes Scaliger dorment là en plein vent, les meurtriers près des victimes, apaisés enfin après tant de crimes sanglants. L'imagination frappe le couvercle de leurs sépulcres; elle les réveille, elle les fait revivre. Les voilà tous debout, ces souverains d'un autre âge, tyrans farouches, guerriers victorieux, assassins et lettrés, débauchés et religieux. Ames d'une trempe singulière, si puissantes et si faibles, si simples et si complexes, que la pensée contemporaine est presque incapable de les comprendre. Ils passent, revêtus de leur pesante armure, et Vérone tremble encore... Mais non, ce ne sont que des ombres, filles du rêve; rien n'a bougé dans les tombeaux. *Dormez votre sommeil, grands de la terre.* Nous allons nous promener sur les bords de l'Adige.

Quelle fureur, Dieu du ciel ! l'Adige n'est pas un fleuve, c'est un torrent ; ses eaux coulent avec une rapidité vertigineuse. Un radeau monté par quatre hommes est emporté par elles ; il court si vite, qu'on peut à peine le suivre des yeux. On tremble à chaque instant qu'il ne sombre ou se brise. Au moment où il passe sous le pont, il semble qu'il va se précipiter sur l'une des piles. Un coup de gouvernail le fait heureusement dévier. Une minute encore on l'aperçoit qui se hâte descendant le cours impétueux du fleuve, puis il disparaît. Je doute qu'une locomotive ait pu le suivre.

Cependant l'heure de partir approche. Mais nous voulons voir dans son ensemble cette ville morte aujourd'hui, autrefois si fameuse. Nous pénétrons dans le jardin public, nous passons sous les cyprès cinq fois séculaires, nous grimpons les pentes rapides, et nous voilà sur l'esplanade. La ville est couchée à nos pieds, presque muette. Là-bas les Alpes, là-bas les Apennins ; le tout, baigné dans la buée qui monte de la terre après l'orage. Je contemplai quelque temps ce beau pays, naguère encore possédé par l'Autriche. C'était ici l'extrémité de ce quadrilatère formidable, qui lui assurait la domination de l'Italie. Les Français sont venus, et ils ont fait sauter l'Autriche par-dessus les montagnes, et ils l'ont enfermée chez elle ; l'Italie se trouva dès lors sur le chemin de son unité. O philosophie de l'histoire ! aujourd'hui l'Italie et l'Autriche sont les alliées de l'Allemagne contre la France.

Ceci me rappelle une remarque que j'ai faite au musée de Milan, et que je ne crois pas avoir consignée en son lieu. Les peintres ont naturellement exploité cette fameuse guerre de 1859. Montebello, Palestro, Magenta, Marignan, Solférino, ces mémorables batailles dans lesquelles les Italiens eussent été sans nous écrasés et platement battus, ils les ont toutes mises à contribution. Et il faut voir avec quelle maëstria ! Dans la fumée et dans le sublime désordre du combat, les ennemis sont aux prises. Mais les Autrichiens ne peuvent résister à la valeur des nobles enfants de l'Italie. Ils fuient, l'épée dans les reins, le visage bouleversé par la peur. Leurs cadavres jonchent la plaine. C'est une déroute. Mais voyez les vainqueurs. Quels magnifiques soldats ! Quelles figures martiales ! Comme ils bondissent sous la mitraille ! Avec quel entrain ils poursuivent les fuyards !

Seulement, si dans ces tableaux de batailles gagnées par les Français vous me trouvez un seul Français, je vous donne la Vénétie tout entière !

Italie ! Italie ! plus je vois ton sol, plus je t'aime ; plus j'apprends à te connaître, plus je méprise ton âme !

PADOUE

1er septembre.

De Vérone à Padoue, nous continuâmes à longer les Alpes, qui s'abaissent et se relèvent, s'éloignent et se rapprochent tour à tour. San-Bonifacio ! nous sommes à une heure d'Arcole. Le grand capitaine des temps modernes a passé là, et la gloire de la France avec lui. Bientôt les hauteurs, un instant invisibles, apparaissent et nous enserrent de nouveau, petits mamelons gris et fertiles, qui cachent de blanches maisons dans leurs replis, quand ils ne portent pas sur leur faîte un village ou une forteresse. Les clochers qu'on aperçoit de loin sont tels que nous les avons vus jusqu'ici : hautes tours carrées, surmontées d'un campanile qui laisse voir par de larges lucarnes son riche carillon. Ici encore on coupe les foins. Les vignes courent plus hardiment d'un arbre à l'autre. Et toujours les montagnes ; les pics, auxquels les nuées se déchirent, dentellent l'horizon, qui se découpe comme une gigantesque scie ébréchée. Nous laissons à notre gauche la petite ville de Vicence, sur qui déjà le soir tombe, et nous arrivons à Padoue en pleines ténèbres.

D'ordinaire une lueur plane à cette heure au-dessus des villes, faisant une aurore dans la nuit. Ici, rien. Nous traversons des rues obscures. De loin en loin, un bec de gaz tremble dans les arbres ou le long d'un mur, représentant mélancolique du progrès absent. Notre entrée est lugubre. A l'hôtel, c'est bien le reste. On consent à nous donner un lit, mais on n'a pas de quoi nous faire souper ; on nous conduit dans un restaurant borgne où jamais chrétien ne mangea si mal pour tant d'argent. La nappe est souillée ; les couteaux, longs et lourds comme des sabres, ne coupent pas : de vraies épées de journaliste !

Heureusement nous rencontrons là un Italien de distinction qui, par hasard, aime le pape et les Français. Sa conversation nous aide à avaler les mets rudimentaires qui nous sont servis.

Nous retournons à notre gîte, nous demandant si nous n'aurions pas mieux fait de brûler cette petite ville. Mais à peine sommes-nous dans nos chambres, que voici la lune qui se lève, éclaire la vaste place qui s'étend devant notre hôtel, et fait surgir de l'ombre les sept dômes de l'église Saint-Antoine. Ce spectacle est si étrange et si doux, que, du balcon où nous sommes installés en dépit des moustiques, nous restons des heures à le contempler. Parfois un bruit de pas sur le pavé sonore ; mais la ville est muette sous la voûte étoilée. Dans cette ombre lumineuse, le passé de Padoue défile devant nos yeux, longue procession de personnages et de souvenirs qui ne sortent un instant de la nuit de l'histoire que pour y rentrer aussitôt.

Padoue dans l'antiquité est déjà célèbre, et elle est la première ville de l'Italie septentrionale sous la domination romaine. Toutefois c'est au moyen âge qu'elle atteint son apogée. Elle est grande, elle est puissante, elle est illustre alors. Mais les tragédies qui ensanglantent les autres cités de la péninsule ne lui sont pas épargnées. Son féroce podestat Ezzelin la remplit d'horreurs et de terreurs. Ce monstre, bourreau d'enfants, passe ses jours et ses nuits à supplicier les nobles. Les nobles quelquefois, avant le supplice, s'échappent et poignardent leurs juges, ou, se jetant sur le souverain lui-même, lui mordent le visage à pleines dents et lui en crachent les lambeaux à la face. Puis viennent les combats acharnés et les romanesques aventures des Carrare. Puis ce sont les étudiants de toute espèce qui arrivent par milliers, affamés de grec et de latin, fous d'Aristote, et plus fous encore de bruyants plaisirs.

Tout cela n'est plus, tout cela s'est tu; et, sauf quelques rêveurs comme nous, personne ne s'en souvient. Un seul nom reste dans la mémoire de tous, et ce nom n'est pas celui d'un podestat puissant, exerçant sa force en tyrannie contre ses sujets, ou en victorieuses batailles contre les républiques voisines. Ce n'est ni Ezzelin le farouche, ni même le condottiere Guatamelata, dont nous avons aperçu la statue équestre, en arrivant, sous un pâle rayon de lune. C'est le nom d'un petit moine bien humble, qui a passé sa vie à réciter des prières et à faire du bien aux âmes. Telle est la gloire le plus souvent, infidèle à qui la cherche, prodigue d'elle-même à qui passa toute sa vie sans songer à elle.

Telles étaient nos pensées hier soir, pendant que nous regardions les coupoles byzantines de Saint-Antoine, ou plutôt du « Saint », comme ils disent ici.

Ce matin, nous avons eu le bonheur de dire la sainte messe tous les trois à l'autel qui recouvre son corps. Ce n'est qu'après avoir accompli ce pieux devoir que nous avons visité son église.

Étrange église, où le byzantin, le roman et le gothique italien forment le plus bizarre assemblage. On devine que trois ou quatre siècles ont dû travailler à cette œuvre. Dômes ronds, clochers mauresques, colonnes ogivales, frontons triangulaires, tourelle surmontée d'un pignon aigu, voilà pour l'extérieur. Au dedans, mêmes disparates. Et pourtant, j'ai hâte de le dire, l'œil n'est pas choqué. Il suit au contraire avec le plus vif plaisir cette variété de formes originales, si heureusement mariées ensemble.

Là encore il y a un luxe prodigieux de décoration. Dans la chapelle de Saint-Antoine, amoncellement de bas-reliefs, de statues et de sculptures de toutes sortes. C'est magnifique, mais c'est mignard et païen. Toutes ces belles choses me brouillent avec la Renaissance, qui décidément a manqué de sentiment religieux.

Plusieurs beaux mausolées achèvent l'ornementation de cette église. Il y en a du xv⁰, du xvi⁰, du xvii⁰ siècle. Ils sont eux-mêmes décorés d'un peuple de figures.

Enfin les œuvres de bronze sont très nombreuses : bas-reliefs, balustrades, candélabres, statuettes, œuvres admirablement étudiées et fouillées, prodiges d'imagination et de patience.

La plume me tombe des mains à la seule pensée de décrire un seul de ces mille détails. Je préfère vous emmener tout de suite à Sainte-Justine. Nous nous arrêtons bien un instant à la *scuola del Santo,* où l'histoire de saint Antoine est racontée sur les murs par des fresques du Titien, de Mantegna, de Campanola et de plusieurs autres. Mais plusieurs, parmi ces peintures, sont en mauvais état. Nous sortons après leur avoir jeté un simple coup d'œil.

Nous longeons ensuite le *Prato,* longue place ombragée

de grands arbres et rafraîchie par un canal qui la traverse. Des statues prétentieuses se dressent toutes blanches, dans la verdure, entre les troncs alignés. Encore des grands hommes sans doute. Nous ne nous dérangeons pas. En Italie un chien est respectable, un manant est illustre, et le moindre seigneur illustrissime. Un homme qui a collectionné trois hannetons est sûr d'aller à la postérité. La gloire se donne pour rien ; elle n'a pas même le prix du marbre. On n'en finirait pas si on voulait faire connaissance avec tous ces immortels du trente-sixième ordre.

Voici Sainte-Justine, précédée des deux énormes griffons qui gardent son portail. Encore une construction byzantine, encore les rondes coupoles, se creusant comme la voûte céleste. Les vastes proportions du vaisseau, ses puissants pilastres carrés, ses entablements en saillie, ses lignes amples et fortes, le libre jeu de la lumière qui l'inonde, tout cela lui donne un grand caractère décoratif. Beaucoup de sculptures ; des œuvres importantes de Luca Giordano, de Palma le jeune, de Balestra. D'admirables stalles en chêne sculpté, les plus belles que nous ayons vues. Nous remarquons surtout un beau Véronèse. C'est le martyre de sainte Justine. De ravissants petits anges, en foule, remplissent le ciel, où le plus clair soleil se dispute avec les nuées les plus sombres. Ils descendent, ils descendent, prêts à emmener dans leur chœur triomphal la belle jeune sainte, qui, vêtue d'une robe flottante à reflets dorés, se livre au bourreau en souriant à la mort.

Les corps de saint Luc et de saint Mathias reposent dans cette église sans grand honneur. On est douloureusement surpris de trouver d'aussi précieuses reliques ainsi laissées dans l'ombre et perdues, pour ainsi dire, dans une ville qui semble en ignorer le prix.

En retournant à la gare, nous passons devant l'antique

Université, grand bâtiment sombre et raide comme la
science du moyen âge. Les murs du vestibule sont tapissés
d'inscriptions, devises, écussons et noms propres laissés
par les étudiants les plus célèbres des siècles passés. Peut-
être y trouverait-on les noms de saint Charles Borromée
et de saint François de Sales. Mais, outre que ce serait là
une assez futile entreprise, le temps nous presse, et nous
tenons absolument à voir la chapelle de la *Madona dell'
Arena,* couverte des fresques de Giotto.

Cette chapelle est située tout à l'entrée de la ville, dans
un grand jardin silencieux où l'ardent soleil de midi semble
avoir tout dévoré. On entre, et l'on se trouve en présence
de hautes murailles couvertes de peintures. Toutes nous
frappent et nous attirent, les unes par leur douceur
extrême, les autres par la violence tragique qu'elles res-
pirent. C'est du Giotto, et du Giotto jeune. Il avait vingt-
huit ans quand il peignit cette œuvre gigantesque. Le style
est encore un peu barbare, les personnages font souvent
des gestes baroques ou maladroits. Bref, la Renaissance,
qui s'annonce, ne se montre pas encore. Mais quelle fécondité ! quelle infatigable invention ! que de détails touchants !

Au-dessus de la porte d'entrée s'étale un vaste *Jugement
dernier.* Ce n'est pas le morceau le plus heureux. Le
grotesque s'y mêle trop au tragique. Ce grand Satan est
velu comme une bête, et ressemble plus à un croquemitaine
qu'à un chef de démons. Les petits diables qui travaillent
sous ses ordres, mangeant et sciant les petits bonshommes
tout nus qui représentent les damnés, sont encore plus
comiques. Les ressuscités qui sortent du sépulcre ont des
pattes de sauterelles et des têtes énormes de têtards.
Cependant, regardez plus haut, les saints sont admirables
de vérité humaine, et les dix séraphins couronnés de
gloire atteignent à la beauté du grand art. Les *Vertus* en

grisailles qui s'échelonnent le long des murs, calmes et robustes, toutes droites dans leur robe à longs plis, sont pour la plupart d'une grandeur superbe ou d'une douceur exquise. Voyez Jésus en croix, voyez la Vierge pâle, qui, sentant que son Fils est mort, s'évanouit et pourtant reste debout dans sa douleur; voyez la Madeleine, étendant les bras vers le Christ ressuscité, poussée vers lui par l'amour, retenue par le respect; voyez Lazare, s'éveillant dans son tombeau à la parole de celui qui frappe et ressuscite : il y a dans tout cela du génie, et « des cris du cœur si spontanés et si sincères, qu'on n'en retrouvera pas de si vrais[1] ».

Nous quittons Padoue, enthousiasmés de cette dernière rencontre avec un grand peintre, et tout heureux d'avoir acheté un tel plaisir au prix des quelques mécomptes de la veille.

[1] Taine, *Voyage en Italie*.

FERRARE

4 septembre.

En ce jour d'un anniversaire cher à notre république, nous nous réveillons à l'hôtel de la *Stella d'oro*. Nous n'avons dormi que quelques heures, et nous voudrions bien rester encore un peu la tête sur nos durs oreillers italiens. Mais le bruit de tout un peuple s'agitant sous nos fenêtres nous arrache bientôt aux douceurs du sommeil Je soulève un lourd rideau de toile, et je vois, sous le soleil déjà haut, le va-et-vient pittoresque d'un marché en plein vent. Notre hôtel donne sur une place au milieu de laquelle une blanche statue de moine étincelle littéralement. Je reconnais Savonarole. A gauche et en face, des arcades. A droite, le magnifique château des ducs d'Este, se mirant dans ses fossés pleins d'eau verte. A gauche encore, une longue rue se terminant par une tour à horloge surmontée d'un élégant campanile, et, dans cette rue, trois cents hommes qui flânent déjà.

Nous ne tardons guère à descendre au milieu de la foule ébahie. On nous reconnaît pour des prêtres français, et les yeux noirs, brillants dans des figures terreuses de fiévreux, s'allument de lueurs sinistres ; effet de la malaria et de la triple alliance sans doute. Naturellement, notre première visite est pour la cathédrale. Belle façade, beaux détails à l'extérieur. Intérieur noble et riche, mais d'une richesse de meilleur goût que celle que nous avons vue jusqu'ici. Bien que l'or y soit encore prodigué, les teintes grises dominent. Toutefois, rien de religieux à la façon dont nous l'entendons en France. Il suffirait d'ajouter des tribunes pour transformer cette magnifique cathédrale en une magnifique salle d'opéra.

Les chanoines chantent l'office avec un ensemble extraordinaire et une vigueur peu commune.

Nous remarquons quelques beaux tableaux : le *Martyre de saint Laurent,* par le Guerchin ; un *Jugement dernier,* fresque de Bastianino ; un *Couronnement de la Vierge,* par le Francia. Il y a aussi plusieurs belles statues, entre autres une *Vierge,* de Jacopo della Quescia, et le *Christ,* en bronze, de Baroncelli.

Nous sortons, et nous faisons le tour de l'église. Toujours, dehors, ce peuple de fainéants que nous avons dû traverser pour venir. Sur les murs, des plaques de marbre avec cette inscription :

MENTANA, CASTELFIDARDO, 20 SEPTEMBRE.

En un mot, toutes les dates qui rappellent l'agonie du pouvoir temporel et l'unité italienne. Évidemment on n'est guère papiste ici. De là, sans doute, l'antipathie qui se manifeste à notre sujet ; mais les regards, si mauvais qu'ils soient, ne tuent ni ne blessent. Nous continuons à marcher, et nous voilà devant la campanile, belle tour à quatre étages bâtie sous Hercule II, l'époux de Renée, fille de notre Louis XII et l'amie de Calvin. Je l'admire, mais je regrette qu'il soit si massif.

Ce qu'il nous faut voir maintenant, c'est le château du duc d'Este, ce vieil édifice sombre qui fut témoin d'un des plus épouvantables drames que l'histoire ait jamais eu à consigner. En nous y rendant, nous passons devant la statue du grand moine tribun qui naquit dans cette ville. Il est sur son bûcher, une main levée vers le ciel en signe d'espérance, l'autre abaissée vers la terre en signe de pardon ; sa tête s'incline vers les hommes ingrats qui, en récompense d'un trop aveugle amour, l'ont condamné au martyre. Mais déjà nous avons passé sous la vieille porte à moitié en ruine, et nous sommes dans le château. Une bonne vieille nous montre les différentes salles que Dosso-Dossi a si magnifiquement décorées : la salle du Conseil, avec les luttes de la palestre chez les anciens ; la salle de l'Aurore surtout.

A travers un long corridor sombre, la vieille portière nous a conduits ensuite jusqu'aux prisons où furent exécutés Hugo et Parisina Malatesta. Je n'ai jamais rien vu de plus épouvantable, pas même à Venise. Ces prisons sont de véritables tombeaux, tombeaux d'où l'on ne peut sortir, et dans lesquels pourtant les coupables, moins heureux que les morts peut-être, vivaient encore pour souffrir, en attendant le coup foudroyant du glaive. En voyant ces sept portes massives qui ferment sept fois le couloir étroit dans lequel on s'avance, ces assises énormes, ces murs inébranlables, ces ferrailles rouillées encore plus impossibles à briser que les chaînes, ces longues dalles de pierre, lits glacés sur lesquels les prisonniers s'étendaient pour dormir et oublier, je me représentais ces deux malheureux, trop cruellement punis de leur crimi-

nelle liaison par l'arrêt féroce d'un prince, devenu fou
furieux. Je me rappelais la mort de l'infortuné Hugo telle
que l'a dépeinte lord Byron. « On le dépouille de son manteau, on coupe sa brune chevelure, un mouchoir va lui
bander les yeux ; mais non, sa fierté repousse cette humilia-
tion suprême. Ses sentiments, jusque-là comprimés, se
font jour à demi dans l'explosion d'un profond dédain ; au
moment où la main du bourreau s'avança pour couvrir ces
yeux qui sauront regarder la mort en face : « Non, ma vie,
« mon sang sont à vous, mais qu'on me laisse mourir les
« yeux libres. Frappe ! » Ce disant, il mit sa tête sur le
billot. « Frappe ! » ce fut là sa dernière parole ; la hache
brillante s'abattit, et sa tête roula, et son corps san-
glant et palpitant alla retomber sur la poussière, qui
but la pluie de sang échappée de ses veines. Ses yeux
et ses lèvres s'agitèrent dans une convulsion rapide, puis
restèrent fixes pour toujours. Il mourut comme doit mourir
l'homme qui a failli, sans ostentation, sans orgueil ; il
avait fléchi le genou et prié ; il n'avait point dédaigné
l'assistance d'un prêtre, ni désespéré de la bonté divine.
Quelques instants après, s'il faut en croire la légende, la
tête de Parisina tombait à son tour sous la hache, pendant
que le duc de Ferrare, en démence, redemandait à la mort
sa femme et son fils. »

Comme nous quittons le château, un personnage comme
on en rencontre beaucoup en Italie s'offre à nous servir
de guide. C'est une espèce de nain en guenilles, mais il
a bien la tête italienne, sa tête longue, ridée et basanée, et
ornée d'un nez démesuré ; ses yeux, très noirs, brillent
comme des escarboucles. Il a aussi l'air bas et suppliant
que je ne connais bien que depuis mon arrivée sur cette
terre de la mendicité sans pudeur. Mal bâti, mal vêtu, avec
un vieux chapeau qui doit dater des vieux Romains et un

pantalon plus ajouré qu'une dentelle, il est, par-dessus le marché, sale et repoussant à souhait. Nous savons qu'on ne peut se débarrasser de cette engeance qu'à coups de bâton. Mais nous voulons être charitables : nous nous contentons de lui dire un *non* énergique, accompagné d'un geste qui signifie : Allez-vous-en, et laissez-nous ! Mais le petit monstre s'attache quand même à nos pas. Nous le congédions, il minaude. Nous nous fâchons, il se fâche. Nous l'envoyons promener, il nous suit comme un chien. Il nous poursuit ainsi jusqu'à la maison de l'Arioste. Pendant que nous déchiffrons l'inscription, il s'arrête dans l'embrasure de la porte, et attend tranquillement que nous ayons fini.

Cette maison est bien la plus modeste qui se puisse imaginer, et le poète n'y devait pas être au large.

> Parva, sed apta mihi, sed nulli obnoxia, sed non
> Sordida, parta meo, sed tamen ære domus [1].

Je crois qu'elle n'a pas dû lui coûter bien cher.

Nous quittons au milieu de nos réflexions cette petite maison de poète. Mais le bruit de nos pas a réveillé le monstre, qui s'était presque endormi en nous attendant, et voilà qu'il nous suit encore. Las enfin d'avoir toujours à nos trousses ce va-nu-pied d'Italien, sans lui adresser une parole, nous nous asseyons sur un banc de la *via Giardini*. Il voit alors qu'il n'y a plus rien à espérer, et il s'en va en maugréant. Nous disons adieu tout bas à cette persévérance malheureuse, et nous prenons le chemin de l'hôpital Santa-Anna, où nous savons que nous trouverons la prison du Tasse.

---

[1] « Petite, mais faite pour moi, libre de charges et proprette, ma maison a été bâtie avec mes deniers. »

On nous montre, au rez-de-chaussée, une petite cellule de neuf pieds de long sur cinq de large et sept de haut. Le jour n'y pénètre que par une baie grillée, qui donne sur une cour étroite commune aux autres prisons. C'est là que fut enfermé, vers le milieu de mars 1579, le plus fameux poète de l'Italie après Dante, pour avoir injurié l'ingrate maison d'Este ; là qu'il resta sept années [1], dans l'ombre hideuse d'une sorte de caverne, comme une bête féroce, enchaîné dans ses mouvements, et dans un affaissement moral que rien ne saurait peindre. Fou, non ; mais malade et malheureux. Quand ses souffrances lui laissaient un peu de repos, il prenait sa plume, et il écrivait de la prose quelquefois, mais des vers le plus souvent. Alors sa pensée ouvrait ses ailes, et de radieux personnages, visions de poète, venaient éclairer et peupler sa solitude. Quand, après sept ans de reclusion, à la demande de Gonzague de Mantoue, il sortit de son cachot, il ressemblait à un spectre ; mais son génie, planant sur la Palestine, avait fait revivre les guerres sacrées dont elle fut le théâtre, et il pouvait offrir au monde le poème immortel de la *Jérusalem délivrée.*

Rien ne reste aujourd'hui de la prison du Tasse des souvenirs qu'elle a pu contenir autrefois. Le bois du lit a été emporté morceaux par morceaux par des voyageurs amateurs de reliques ; la porte elle-même est creusé de

---

[1] On lit sur la porte l'inscription suivante : *Rispettate, o posteri, la celebrità di questa stanza, dove Torquato Tasso, infermo più di tristezza che delirio, ditenuto dimoro anni vij, mesi ij, scrisse verse et prose, et fu rimesso in libertà al instanzza della cita di Bergamo, nel giorno vj Lugio 1586.* Il me semble qu'il y a une erreur dans cette inscription. Enfermé en mars 1579, le Tasse ne dut rester dans cette chambre que jusqu'en décembre 1580. Il fut transféré à cette époque dans une pièce plus vaste, où il pouvait, suivant ses propres expressions, *philosopher* et *se promener.*

nombreuses entailles. Nous sommes trop respectueux de tout ce qui touche aux grands hommes pour emporter quoi que ce soit ; vous ne trouverez même pas nos noms sur les murs, à côté de tous ceux qui s'y étalent.

Et maintenant adieu, ville tragique, si célèbre jadis, aujourd'hui déchue et dépeuplée. Je n'oublierai pas tes grandes rues où l'herbe pousse, tes grandes rues muettes, brûlées du soleil. Je reverrai dans ma mémoire ton château étrange, et son pavé taché de sang, et sa belle salle de l'aurore et ses prisons, vides aujourd'hui, grâces à Dieu. Mais je n'oublierai pas non plus ton peuple agité, dans lequel j'ai vu tant d'hommes blêmes à figures de fanatiques.

BOLOGNE

4 septembre.

De Ferrare à Bologne, paysage plat, des champs de riz et de chanvre. Le chanvre coupé est arrangé en cônes aigus, très drus et très blancs. La chaleur est torride. Pas une âme dans la plaine. Les paysans sont couchés à l'ombre de leur pignon ou à l'ombre des arbres : ils sommeillent ou ils causent. Ils forment quelquefois des groupes d'une beauté antique. Enfin voici Bologne : elle est gracieusement assise dans la plaine, au pied des Apennins. Il nous tarde de faire connaissance avec cette vieille ville savante, qui au xiii° siècle abrita dans ses murs jusqu'à dix mille étudiants ; où la passion du savoir enfiévrait jusqu'aux femmes elles-mêmes ; où la belle Novella d'Andrea, pour ne pas distraire ses élèves par sa beauté, faisait son cours derrière un voile...

Nous sommes bientôt dans ses murs. Nous errons à tra-

vers ses longues rues tortueuses et désertes, bordées de
hautes arcades. Voici deux tours penchées, masses carrées
qui blessent l'œil sans aucune compensation de grâce ou
d'originalité. Nous entrons à l'Académie. Beaucoup de tableaux remarquables; une profusion de Guido Reni, presque
tous admirables. Mais ce qui nous ravit au delà de toute
expression, c'est l'ineffable *Sainte Cécile* de Raphaël.
Aucun des chefs-d'œuvre que nous avons déjà vus ne
nous semble approcher de celui-là. Et pourtant ce tableau
ne représente pas une scène de la vie, une de ces actions
quelconques dont le dramatique nous saisit. C'est une peinture d'oratoire, moins faite pour le plaisir de l'imagination
et des yeux que pour le service de la piété. Rien de plus
simple. Sur un fond rougeâtre qui donne à la petite toile
un ton d'une admirable chaleur, la jeune sainte est debout,
entourée de quatre personnages debout comme elle. A ses
pieds, plusieurs instruments de musique jonchent le sol.
Elle tient dans ses mains l'antique *organum,* et, la tête un
peu penchée, regarde le ciel, prêtant l'oreille aux chants
des petits anges qu'elle aperçoit dans la nue. Impossible
d'imaginer un groupement plus rudimentaire. Mais quelles
figures! quels corps superbes! et comme l'âme, en présence de ces êtres qui ne sont pas de la terre, se sent
emportée vers les sommets de l'idéal! En vérité, c'est à se
mettre à genoux devant. Quand on a vu ce tableau, rien
ne vous dit plus rien dans le musée de Bologne. Vous allez
vous planter devant la *Nativité de saint Jean-Baptiste* ou
la *Transfiguration,* de Louis Carrache; cela vous semble
déclamatoire. Vous courez voir *Notre-Dame du Rosaire,*
du Dominiquin; cet entassement de scènes tragiques vous
semble forcé; son célèbre *Martyre de sainte Agnès* lui-
même vous semble théâtral. Malgré vous, vous revenez
au tableau de Raphaël, épris d'une beauté que vous ne

soupçonniez pas encore, et toujours plus avide de le contempler.

Nous visitons, après cette extase, la cathédrale de Bologne, grand monument inachevé, sur une belle place bordée de palais. Sur la porte centrale, de magnifiques ciselures de Jacopo della Quescia; dans l'église, quelques bonnes sculptures : *Ève et Adam,* d'Alphonse Lombardi ; une *Annonciation,* c'est tout. Pour une église d'Italie, c'est peu.

Voici, à présent, une église très étrange, dédale inextricable d'églises anciennes, dont l'une est bâtie sur l'emplacement d'un temple d'Isis : c'est *San-Stephano.* Dans une chapelle aussi sombre qu'un souterrain, quelques fidèles sont réunis autour d'un vieux prêtre qui récite le chapelet. Impossible de traduire avec des mots l'expression de foi qui vibre dans ces prières. Une troupe d'affamés qui demanderaient du pain ne donneraient pas à leurs supplications un accent plus passionné. A certains moments il semble que les âmes vont éclater; les voix tremblent, s'élèvent, puis meurent en soupirs. Jamais je n'ai rien entendu de semblable en France.

C'est à *San-Domenico* que nous voulons aller maintenant. Nous voilà donc encore courant dans les rues. Toujours personne; toujours des arcades de formes diverses, et toujours aussi des rues et des places baptisées des noms les plus retentissants de l'Italie moderne : Garibaldi, Cavour, Victor-Emmanuel. J'avais fait la même remarque dans les autres villes, particulièrement à Ferrare. Le marbre, là-bas, criait la honte du Piémont voleur de provinces, en même temps que la honte d'une cité jadis libre, maintenant fière d'être esclave. Même spectacle et même impression ici. Bologne, dont la noble devise était autrefois : « Liberté, » *Libertas,* Bologne unifiée a aussi l'orgueil de son abaissement. Partout l'agaçante figure de Victor-Emmanuel, dans l'attitude

d'un conquérant, nez retroussé, moustaches épaisses de
rastaquouère, à pied, à cheval. Décidément ce petit duc
savoisien, dont le sabre vierge ne gagna jamais une bataille,
est le plus grand roi de ce petit peuple.

Nous entrons dans l'église Saint-Dominique, la plus
belle assurément de toute la ville. J'entrai dans l'église
avec l'anxiété d'un homme qui cherche tendrement quelque
chose[1]. Ce que je cherche, ce que nous cherchons tous les
trois avec une égale ardeur de désir, c'est le tombeau de
l'illustre père des frères prêcheurs. Grand homme s'il en
fut, calomnié indignement par la postérité séduite, Domi-
nique de Gusman a le respect et l'amour de tout homme
impartial qui connaît l'histoire. C'est pour cela que nous
sommes impatients de nous agenouiller devant ce que sa
grande âme a laissé à la terre en montant au ciel. Un petit
religieux, tout jeune et charmant, nous ouvre la porte de
bronze ; nous entrons dans la chapelle. Après avoir prié
longuement, nous nous relevons et nous regardons le mausolée du saint. Enchantement, ravissement, je ne sais
comment traduire l'impression dont on est saisi devant cet
albâtre si pur, dont les flancs sont couverts de la plus belle
procession de marbre qui se puisse imaginer. Nicolas de
Pise, Guglielmo, Lombardo, Michel-Ange lui-même, ont
mis la main à cette œuvre, dont la beauté frappe les plus
inexpérimentés de la plus profonde admiration. Ces bas-
reliefs rappellent les différents épisodes de l'existence du
saint religieux. Une vie extraordinaire anime toutes les
figurines. Les têtes sont parfois un peu massives, les
corps d'une carrure un peu lourde. Mais ce sont là des
défauts pardonnables, surtout si l'on réfléchit que plusieurs
parties de cette œuvre remontent au xiii° siècle.

____

[1] Lacordaire.

Dans la demi-coupole, au-dessus du sarcophage, une belle fresque du Guide ; de chaque côté, des fresques de Tiarini et Lionello Spada. Bref, cette chapelle est également précieuse aux yeux du pèlerin et du voyageur ami des arts. Je ne sais s'il nous est permis de nous dire l'un et l'autre ; mais ce que je sais, c'est que nous avons passé là une heure exquise.

Il nous reste encore du temps avant la nuit : il est décidé que nous allons faire un pèlerinage à la madone de saint Luc, dont on aperçoit le sanctuaire, là-haut, sur le faîte du mont *della Guardia*. Oncque, je crois, je ne fis pour ma part pareille pénitence. A peine sortis de la ville, nous entrons sous un portique monumental, appuyé d'un côté à la montagne, et soutenu de l'autre par de belles arcades à jour. Dans les niches décorées de fresques modernes déjà rongées par le grand air, vous voyez, du côté du rocher, de petites chapelles pieuses, dans lesquelles se dresse parfois un autel de marbre. Au-dessus, des inscriptions touchantes, témoignant que les plus pauvres comme les plus riches de Bologne ont contribué de leurs deniers à la lente érection de ce promenoir gigantesque. Vous êtes émus par ces marques d'une foi si généreuse. D'autre part, vos yeux sont réjouis par le charmant paysage qui se découpe entre chaque arcade, tantôt sur la plaine où coule la jolie rivière du Reno, tantôt sur les montagnes, tantôt sur la ville. Vous gravissez allègrement les premières marches. Mais bientôt la chaleur vient s'ajouter à la fatigue. Vous suez, vous soufflez, et vous regardez devant vous avec l'espérance de voir le terme de la montée. Vaine espérance : les arcades s'alignent, taillant dans le ciel de petits morceaux d'azur, puis s'enfoncent en un détour pour s'accrocher à un autre flanc de la montagne. Peut-être est-ce là? Non, cela monte et se continue longtemps, et c'est les jambes brisées que

Sainte Cécile (tableau de Raphaël).

vous arrivez enfin au seuil de ce sanctuaire, bâti en plein domaine des aigles.

Le soleil se couchait quand nous y entrâmes, jetant dans l'édifice la poussière d'or de ses derniers rayons. Quelques paysans des vallées voisines entouraient les confessionnaux. De vieilles femmes décrépites priaient à genoux par terre, leurs mains tremblantes appuyées sur leur bâton. Nous mêlâmes quelque temps nos prières à leurs prières naïves. L'église est belle, toute blanche dans son marbre vierge. Un recueillement profond y règne, recueillement des hauteurs, et du soir qui descend. Nous voudrions rester là longuement, et jouir à loisir de cette paix si profonde et si religieuse. Mais il va falloir repartir, et nous n'avons pas vu le fameux tableau de la *Mère de Jésus-Christ,* attribué à saint Luc. Un vénérable prêtre sort du saint tribunal et vient à nous. Il nous conduit derrière l'autel principal ; il ouvre une double porte ornée de pierres précieuses, et le tableau se découvre. Cette peinture, vieille de dix-huit siècles, a nécessairement essuyé les injures du temps. Elle s'est, en effet, effacée et noircie par endroits. Cependant les traits principaux demeurent : la ligne busquée d'un nez aquilin très prononcé s'accuse fortement : la bouche est fine et sérieuse, le menton très court. Mais ce qui frappe surtout, ce sont les yeux : ils vivent ; une infinie douceur, une infinie bonté, une infinie tendresse y respire ; ils vous entrent dans le cœur, sans secousse et comme par l'effet d'un mystérieux fluide. Je ne sais si saint Luc était un grand artiste ; j'en doute même, et il est permis d'en douter. Il me semble que la sainte Vierge était plus belle encore que ne laisse deviner le portrait qu'il nous a laissé d'elle. Mais je maintiens qu'il est impossible de mettre plus de tranquille et puissant amour qu'il n'en a mis dans ces yeux de la Vierge qui porte son nom. Ces yeux parlent, enveloppent, apaisent, attirent. Ce sont bien les yeux de la Mère des divines miséricordes, Mère infatigable des pécheurs et leur suprême espérance.

Nous redescendons lentement les pentes du portique, croisant à chaque instant quelque pèlerin attardé, et qui, comme nous, égrène son chapelet. De petits soldats italiens, assis ou couchés le long des arcades, dorment ou causent mélancoliquement[1]. Le soir tombe de plus en plus. Il est nuit lorsque nous rentrons en ville.

Comme toutes les villes italiennes à cette heure, Bologne s'était éveillée. Beaucoup de monde sur le pas des portes. Dans les rues principales, une certaine agitation. Aux clartés des reverbères, on nous regarde passer. « Ce sont des prêtres français ! » dit-on, et l'on nous observe avec une curiosité à laquelle se mêle un peu de défiance. Au détour d'une rue, nous nous trouvons en face d'un groupe d'une cinquantaine de jeunes gens. Comme s'ils nous avaient attendus, à peine sommes-nous près d'eux, qu'ils poussent un cri formidable avec un formidable ensemble. Nous saluons ironiquement les insulteurs, et nous passons. Presque partout nous sentons une sourde hostilité contre la France et les Français. L'Italie évidemment est atteinte de gallophobie ; cela se comprend, elle nous doit tout !

Malgré ce petit incident, nous n'en dormîmes pas moins à Bologne du lourd sommeil, sans rêves, des gens qui n'en peuvent plus.

---

[1] L'insouciance italienne a bâti une poudrière sur la montagne, tout près du monument. Si la poudrière sautait, cette merveille de Bologne sauterait avec elle.

ASSISE

10 septembre.

Nous avons quitté Ancône, ce matin, par un de ces beaux soleils qui semblent vouloir inonder la terre de rayons et de joie. Nous disons adieu à l'Adriatique, plus bouleversée qu'hier, et dont les vagues grossies viennent se briser en écume sur la rive, avec un hurlement. Nous engageant ensuite dans une belle vallée des Apennins, nous nous dirigeons vers Foligno et Assise. Nous laissons, sur notre droite, la petite ville de Chiusi, avec sa pittoresque enceinte. La route entre les mûriers et les vignes, avec accompagnement de montagnes encore tout embrumées, devient de plus en plus charmante. Les ruisseaux, alimentés sans doute par les pluies de l'autre jour, coulent en petits flots étincelants. Les villes et les villages, juchés sur le sommet des collines, rient au soleil matinal, montrant leurs maisons carrées à petites fenêtres, et semblables à des bastions. On songe que bien des familles rivales, du

haut de ces châteaux perchés là-haut comme des nids de
vautours, se sont disputé ce magnifique territoire. Mais
toute trace sanglante est effacée ; la terre, des centaines de
fois rajeunie, se pare de sa fécondité, et la pure lumière de
ce beau ciel remplit l'âme et l'enivre. Tout, jusqu'aux plus
sombres souvenirs, se fond dans la grande allégresse de
cette admirable nature. Cependant le paysage se modifie :
les collines se haussent, elles se ramassent en massifs
énormes, décharnés et ravinés, que viennent couper des
gorges sauvages. Ici elles se fendent en murailles perpen-
diculaires d'un grandiose alpestre. Là elles descendent en
gradins gigantesques, baignant leurs pieds dans le Gesi.
L'air est frais et très pur. En sortant de Fabriano, nous
longeons le Giano, non loin de cet ancien Sentinum où
eut lieu, entre les Romains d'une part et les Samnites
de l'autre, alliés avec les Gaulois, les Ombriens et les
Étrusques, cette fameuse bataille dans laquelle le consul
Décius, en se sacrifiant, assura la victoire à Rome et la
rendit maîtresse de l'Italie. Là a été fait par la grande
ville le premier pas vers la conquête du monde.

Nous traversons alors le massif central des Apennins,
hautes montagnes chauves, aux flancs velus couverts d'une
végétation avortée de sapins maigres. En redescendant,
de belles vallées comme celles que nous avons déjà admi-
rées en courant vers Florence. Des peupliers, des saules
bordent les cours d'eau. Dans les champs, des arbres en
forme de coupes, que la vigne étreint de ses bras robustes.

Arrêt à Foligno, petite ville campagnarde, où nous
déjeunons.

De loin, en quittant Foligno, nous apercevons Assise, et
nos cœurs tressaillent déjà au souvenir des merveilles dont
elle fut le théâtre. La jolie ville ! elle se dresse et s'étale
pittoresquement adossée à ses deux collines ; une citadelle la

domine ; le monumental couvent des conventuels couvre tout son flanc droit, au-dessus de la vallée. Des tours élèvent au-dessus des maisons grises leur masse imposante. Nous approchons ; nous arrivons.

Mais ce n'est pas la ville qui nous attire d'abord ; car avant d'être des voyageurs, en venant ici, nous sommes des pèlerins. Nous nous dirigeons d'abord vers Sainte-Marie-des-Anges, sur les traces de l'immortel saint François. C'est là que le fils de Bernadone, à peine converti, venait prier de préférence ; là qu'il fit sa *veillée des armes* avant de se jeter, en vrai chevalier du Christ, dans les âpres combats de la pénitence ; là qu'il contracta son mystique mariage avec la pauvreté ; là enfin que son œuvre naquit d'un sourire de la Reine du ciel.

Nous nous trouvons bientôt devant une église, isolée dans la vallée, au pied de la ville. La façade est imposante. Nous entrons, le vaisseau est assez sommairement décoré. On voit même s'accuser çà et là la belle pauvreté de saint François. Personne que des mendiants sur le seuil. Nous nous promenons sous les nefs, examinant tour à tour les belles peintures d'Overbeck sur la façade de la Portioncule : le *Miracle des roses* et la *Vision de saint François;* plus loin, les *Stigmates,* par Andrea della Robia. Cependant nous nous demandons avec une certaine inquiétude s'il ne nous sera pas permis de visiter les reliques vénérables laissées ici par le saint patriarche des Franciscains. Bientôt, par bonheur, un bruit de clefs se fait entendre, et un bon père capucin, un Français, vient s'offrir aimablement à me servir de guide. C'est alors seulement que nous pouvons pénétrer dans la cellule de saint François, dans cette pauvre petite chapelle témoin jadis de tant d'extases, et visiter cette partie du cloître où fleurissent les rosiers sans épines. A côté, nous voyons la cellule qu'il habita longtemps, avec son lit creusé dans la pierre ; puis l'ancienne infirmerie, petit réduit où il est mort, et dans lequel on conserve son cilice et différents instruments de pénitence qui lui ont appartenu.

Partout, dans cette église, on respire l'odeur pénétrante de la sainteté.

Après cette visite, nous prenons le chemin de la ville. Nous avons tout le temps d'admirer le paysage ; car, traîné par une rosse efflanquée et conduit par un cocher de piteuse mine, notre attelage n'avance que lentement. Nous cheminons sur la pente d'une colline rocailleuse, entre des plants de vieux oliviers, dont les troncs séparés se tordent douloureusement. Point d'air, point d'ombre ; la chaleur est accablante ; le soleil vous mord furieusement la peau. La route poudreuse est d'une blancheur aveuglante ; de loin en loin, une petite chapelle de la Vierge, décorée d'une fresque naïve. Quelques maisons de paysans, quelques modestes maisons de campagne. Nous passons sous la haute porte crénelée, et nous sommes enfin dans l'antique cité.

Si attirante de loin, Assise vous désenchante un peu dès qu'on a pénétré dans ses murs. Elle a l'aspect d'un village pauvre : de vieilles maisons en briques, lézardées et pelées ; çà et là, sur les murailles, des fresques aux couleurs éteintes, mangées par le temps et le soleil. En revanche, le monogramme du Christ au-dessus de toutes les portes. Tel est l'aspect de la basse ville.

Après une discussion inévitable avec notre cocher, qui tient absolument à nous voler un franc, nous allons jeter un coup d'œil à l'église des conventuels, que nous essayerons de voir en détail demain, et nous revenons à notre hôtel. Nous prenons là quelques instants de repos, en attendant qu'ait sonné l'heure du départ pour les *Carceri*, car il est

Cathédrale d'Assise.

entendu que nous irons encore là-haut chercher et vénérer les traces du héros d'Assise.

En attendant, je m'assieds sur le balcon de ma chambre et je regarde le paysage. La vue est magnifique. A gauche, voici le mont Subasio, et derrière, voici la chaîne qui s'en va vers Foligno. A nos pieds, une riche plaine symétriquement plantée d'oliviers et de mûriers, et au delà, vers la droite, la capitale de l'antique Ombrie, Pérouse, dont on aperçoit les tours à travers le voile bleuâtre de la brume, au flanc d'une colline au dos allongé. Et derrière, comblant les échancrures des montagnes, des montagnes encore. Une paix sublime plane sur ce paysage enchanteur, jardin fermé où la nature se montre dans toute sa grâce. Ceux qui vivent ici doivent être, je le sens, ardents à aimer, épris de calme et de beauté. Au moyen âge surtout, quand la vie, étant plus restreinte, était plus concentrée et plus intime ; quand, d'autre part, l'idée chrétienne dominait tout, les âmes devaient y être plus puissantes et plus exquises qu'ailleurs, plus voisines du paradis, il me semble, et Dieu pouvait y trouver des saint François et des sainte Claire.

Mais il est quatre heures. On nous amène trois petits ânes des montagnes, jolies bêtes aux longues oreilles, au poil luisant, à l'œil doucement voilé. Le mien surtout se fait remarquer par je ne sais quoi de modeste, qui donne à sa physionomie d'âne quelque chose d'honnête et de touchant.

Nous enfourchons nos montures, et nous partons.

Mon âne prend les devants, et je deviens l'avant-garde. Suivant à une certaine distance, mes compagnons trottinent comme ils peuvent, et forment l'armée proprement dite. J'entends le guide qui excite leurs ânes en criant : « Hâo ! hâo ! » Un bruit sec de coups de bâton accompagne cette interjection incessamment répétée. Nous traversons ainsi les rues de la ville et nous arrivons sur une grande place déserte , au bout de laquelle s'élève une église. C'est l'église de Sainte-Claire, *Santa-Chiara.*

Il y a dans cette église, d'un beau style gothique, quelques peintures intéressantes, les unes de Giotto, les autres de Giottino. Mais l'heure est trop avancée. Nous allons tout droit au tombeau de la belle et douce sainte qui, à l'inspiration de saint François, fonda l'ordre sévère des clarisses. Pendant que je priais près de son corps, miraculeusement conservé et intact, je me la représentais telle que ses Actes l'ont dépeinte. Noble jeune fille, ange d'innocence et de piété, elle porte le cilice sous ses riches vêtements. Elle est très grande ; elle a les traits délicats et majestueux à la fois, le teint frais et vermeil, et son visage est magnifiquement encadré par sa blonde chevelure. Elle est l'orgueil de ses parents, l'espérance du monde, qui la guette et l'appelle. Mais un jour elle entend prêcher le jeune saint d'Assise, et elle jure qu'elle n'aura pas d'autre époux que Jésus-Christ. Peu après elle prend la robe de bure, se ceint d'une corde grossière, et couvrant son front virginal d'un épais voile, elle entre dans le silence du cloître pour n'en plus jamais sortir. Et c'est ici, dans le couvent qui subsiste à côté, qu'elle a passé sa vie, vie vraiment angélique, et telle, en ses mortifications prodigieuses , qu'elle fait trembler notre lâcheté et ravit notre enthousiasme.

De l'esplanade qui domine le ravin, nous jetons un regard sur la vallée. C'est là que campaient, en 1239, les Sarrasins de Vital d'Aversa. Ils voient sur la hauteur le monastère de sainte Claire ; ils s'imaginent qu'ils trouveront là un riche butin. Une nuit ils gravissent la pente, ils escaladent les murailles avec des hurlements affreux. C'en est fait, ils vont pénétrer dans la demeure inviolée des épouses du Christ. Mais Claire est vaillante ; avec l'audace de la foi, elle court à la chapelle, saisit le ciboire, et se plaçant héroïquement sur le seuil, le montre aux infidèles.

Saint François d'Assise (d'après le tableau du Guerchin).

Dieu fit un miracle. Du ciboire d'or jaillit un tel flot de lumière, que les ténèbres en furent illuminées comme par le lever d'un astre nouveau, et que les assaillants, effrayés par le prodige, s'enfuirent pêle-mêle dans une déroute pleine d'épouvante [1].

Nous remontons sur nos ânes, et nous continuons notre route. Une fois hors de la ville, nous suivons le lacet de la montagne, au milieu du plus splendide paysage. Le panorama s'étend au fur et à mesure que l'on s'élève ; la vallée, vue d'en haut, est aussi belle que la montagne vue d'en bas ; peut-être même est-elle plus riante. Nos bêtes marchent bravement, et nous arrivons vite au petit couvent que les fils de saint François ont bâti près de la grotte fameuse où leur père a prié dans l'extase.

Il y eut là jadis un monastère célèbre, dans un paysage d'une grandeur sévère. Accroché comme un nid d'aigle aux flancs sauvages du Subasio, il est en même temps caché dans un pli de la montagne et entouré d'infranchissables ravins. « François aimait à s'y retirer au lendemain de ses travaux apostoliques, pour mieux se recueillir devant son Maître. Là, diligente abeille au sein même de l'oraison, il cueillait, sur les fleurs du ciel, un suc abondant, et en formait ce délicieux miel qu'il distribuait ensuite, dans ses prédications, aux âmes affamées de Dieu [2]. »

Un pareil lieu ne peut être habité que par des brigands ou par des saints. Deux moines vivent là dans une solitude à peine troublée par la visite des rares pèlerins. L'un d'eux vient à notre rencontre, et nous accueille comme saint François l'eût fait lui-même. Sa robe de bure est bien mauvaise, et le latin qu'il nous parle ne vaut guère mieux. Mais qu'importe ? Nous nous comprenons. Il nous montre l'oratoire du saint, sa cellule, l'excavation qui lui servait de chambre à coucher et la pierre qui lui servait de lit, le

---

[1] Cristophani, *Hist. de saint Damien*, chap. XVI.

[2] Marc de Lisbonne, *Chroniques*.

puits d'où l'eau jaillit à sa prière, le chêne toujours vivace sur lequel étaient perchés les oiseaux ses frères, comme il disait, pendant qu'il leur faisait sa harangue ; l'abîme que se creusa le démon lorsqu'il le fit rentrer au séjour des éternelles douleurs ; les cavernes illustrées par les Sylvestre, les Bernard de Quintavalle, les Bernardin de Sienne et tant d'autres ; le torrent enfin qu'il mit à sec, et qui restera tel, raconte la légende, jusqu'au jour où l'Italie sera menacée des suprêmes malheurs. Alors son lit desséché s'emplira de nouveau, le bruit des grandes eaux ébranlera la montagne. Ce sera le signal providentiel.

Voici une autre caverne, là, au-dessus du torrent. Celle-là fut habitée par le bienheureux Antoine de Stroncone. Plus de vingt ans il y resta presque sans bouger, et la pierre, usée par le frottement de son corps, indique encore aujourd'hui sa position habituelle dans cet antre de bête fauve.

Tout cela est plus intéressant et plus frappant que je ne puis l'exprimer. On sent que ces paysages, morts maintenant, ont été animés d'une vie débordante et surhumaine. Car on dira ce que l'on voudra, c'étaient de fiers hommes que tous ces saints, durs à eux-mêmes, tendres aux autres, et capables d'aimer Dieu et de se donner à lui avec cette folie sublime. Les merveilles des déserts d'Égypte et de Libye se sont renouvelés sur cette terre, avec quelque chose de plus touchant et de plus aimable. Au temps de Pacôme et d'Antoine, on fuyait dans les solitudes pour arracher son âme aux périls du monde. Au temps de François d'Assise, on y entrait comme en un paradis, pour remplir son cœur du divin amour, et ensuite le faire déborder sur les hommes. Aussi quelle épopée que cette floraison franciscaine ! Je ne sais, en vérité, si depuis les premiers jours du monde l'humanité a jamais rien vu de plus beau.

Nous passons sous la longue galerie creusée dans le roc par saint Bernardin de Sienne, et nous nous retrouvons près du puits miraculeux, dans la cour du petit monastère. Nous buvons un peu de l'eau pure qui en jaillit encore, et nous prenons congé de notre guide. Nous lui donnons quelques pièces blanches, — pas autant pourtant qu'il avait fait de solécismes, — et nous reprenons le chemin d'Assise.

La descente fut peut-être plus pénible que la montée ne l'avait été elle-même. Nos ânes, sentant l'écurie, de temps en temps en effet prennent le mors aux dents, et leur trot dur et saccadé nous secoue si fort, qu'après avoir ainsi été ballottés sur les selles aiguës, nous craignons de nous trouver, à l'arrivée, séparés en deux jusqu'au menton. Pour nous distraire, nous regardons le paysage. Un léger brouillard couvre le fond de la vallée, adoucissant tous les contours sous de vagues teintes laiteuses. Assise, à maints détours du sentier, apparaît toute petite sur sa petite montagne, telle qu'on la voit dans l'admirable tableau de Benouville. La lune, à son premier quartier, brillant toute seule dans le ciel encore trop clair, laisse tomber de sa faucille d'argent une fine gerbe de blanche lumière qui s'éparpille dans les dernières lueurs du jour. Enfin l'*Ave Maria* sonne au dôme. Nous passons sous la vieille porte de la ville toute panachée de lierre, nous traversons les rues encore désertes, et nous rentrons à l'hôtel, non sans avoir dit adieu à nos rustiques montures.

Nous trouvons là, à table d'hôte, trois Italiens, deux hommes mûrs et et un jeune homme. Ils appartiennent évidemment à cette moyenne bourgeoisie qui, presque en tous pays, est le refuge du bon sens. Ils nous reconnaissent pour Français ; la conversation s'engage. Déjà, plusieurs fois, j'avais surpris la sympathie et l'admiration de cer-

tains Italiens pour la France : j'en suis encore plus frappé
ce soir. Mes Italiens regrettent sincèrement que la politique
divise les deux nations; ils maudissent les hommes néfastes
qui ont jeté leur pays dans les bras de l'Allemagne. Mais
il est tard; nous buvons à la France, et nous les quittons,
un peu fiers de nous et très contents d'eux.

Nous nous endormons aux douces harmonies d'une cla-
rinette qui, accompagnée en sourdine par le piano, remplit
la rue muette de notes claires et cadencées...

11 septembre.

Dès l'aube, nous sommes dans la crypte de l'église des
conventuels, au pied de l'autel sous lequel repose François d'Assise. Longtemps nous avons pensé et prié, près
de ces reliques vénérables entre toutes d'un saint qui ne
fut pas seulement un saint, mais qui sut en outre infuser
un sang nouveau à une société peut-être encore plus corrompue que la nôtre. Il me semblait le voir revivre dans
ce cadre d'Assise où se passa la plus grande partie de son
existence, et, me souvenant qu'il avait été poète, j'invoquai
l'ange de poésie qui l'inspira. C'est lui qui m'a dicté les
stances suivantes, dont l'imperfection, hélas! retombe tout
entière sur moi.

AU TOMBEAU DE SAINT FRANÇOIS

D'autres, sur les tombeaux que le vice éternise,
O fous ! iront pousser leurs vains gémissements;
Pèlerin de la foi que proclame l'Église,
Moi, je viens, ô François, dans ta cité d'Assise
Prier à deux genoux devant tes ossements !

Je viens frapper mon cœur encor plein de la terre,
D'un humble repentir je viens verser les pleurs;
Sacrifié sublime et martyr volontaire,
Je viens te demander par quel divin mystère
Tu sus trouver la joie en cherchant les douleurs !

Tes os à ma prière ont comme une secousse,
Et ta voix, comme au temps où tu voyais le jour,
Répond dans un frisson au grand cri que je pousse :
« Le secret par lequel la vie humaine est douce,
C'est d'aimer Jésus-Christ par-dessus tout amour ! »

Eh bien, saint extatique, au pied de cette tombe
Où gît dans le repos ton corps stigmatisé,
Jeune homme et vieux pécheur, de peur que je retombe,
Implorant le secours sans lequel on succombe,
J'apporte à mon Sauveur ce pauvre cœur brisé !

Toi, viens, à chaque appel, m'aider et me défendre,
Et puissé-je, à jamais fidèle à mon serment,
Si tenté que je sois, ne jamais me reprendre,
Et, te suivant de loin, saint si pur et si tendre,
Vivre de sa pensée et mourir en l'aimant !...

Après avoir ainsi médité, et dit ensuite la sainte messe, nous avons visité la triple église et le couvent.

Un religieux d'une rare intelligence et d'une amabilité extrême, fils du Nord que sa vocation retient en Italie, le P. Félix, voulut bien nous conduire partout et nous tout expliquer.

L'église souterraine, profonde, obscure et pauvre, caverne creusée dans le rocher, représente bien cette vie cachée de saint François, qui fuit le monde et renonce à tout pour ne plus vivre que de prière et d'amour dans la plus rigoureuse austérité. C'est là qu'on vénère le tombeau du saint. La basilique inférieure qui s'élève au-dessus, avec ses voûtes fortes, basses et en plein cintre, avec sa lumière de crépuscule tamisée par ses vitraux antiques, avec la multitude de ses chapelles, sa voûte azurée étincelante d'étoiles d'or et ses murs peuplés de saintes images ; cette basilique offre l'image de la vie publique de saint François et de son ordre, vie dans laquelle le père et les enfants ont dû déployer tant de vigueur.

La basilique supérieure enfin, avec ses ogives si élancées, ses colonnes si sveltes, ses lignes si pures, ses proportions si harmonieuses, sa vive lumière, ses brillantes peintures, représente la vie triomphante avec ses clartés impérissables en son impérissable gloire.

C'est là un rapprochement que les conventuels d'Assise aiment à faire [1], et je trouve qu'il ne manque pas d'une certaine poésie.

Je ne puis tout décrire ; je voudrais du moins vous donner une idée de l'église supérieure, vraiment belle comme une âme triomphante. Elle s'élance, dans toute la grâce de son élégance gothique, sous le beau ciel de l'Ombrie qui rayonne au-dessus d'elle. Colonnes et colonnettes, ogives et arceaux, tout le monument semble monter, monter encore. Je ne crois pas qu'on puisse trouver une construction de pierre plus aérienne. Ajoutez à cela les jeux d'une belle lumière tombant en larges nappes irisées par les hautes fenêtres, le rayonnement coloré des vitraux et des rosaces ; ajoutez à cela surtout les fresques admirables de Giotto, et vous aurez peut-être une idée de cette église du paradis [2].

---

[1] *Les grandeurs du séraphique saint François d'Assise et les splendeurs de son tombeau,* par un exilé. Fribourg, 1887.

[2] Nous avons visité aussi la sacristie. Entre autres objets précieux, elle renferme un portrait de saint François, peint sur une planche de son cercueil, et une croix en cristal de roche, donnée par saint Louis, et ornée d'un médaillon peint par Blanche de Castille. Elle est évaluée cent quatre-vingt mille francs. Là aussi est le joli *bambino* colorié et richement vêtu par sainte Claire.

Ces fresques, je voudrais les décrire toutes. Mais comment faire? les murailles en sont toutes couvertes. C'est François, jeune encore, et déjà salué comme un saint par un pauvre qui jette un manteau devant ses pas. C'est François renouvelant la générosité de saint Martin. Bref, son histoire entière se déroule aux yeux, et ses actions, et ses visions, et ses miracles. Ici il reçoit des mains de Jésus-Christ la sainte pauvreté pour épouse. Là il chasse les démons de la ville d'Arezzo. Ailleurs, soulevé par l'extase, il tend, du sein d'un nuage, ses deux bras vers son Dieu. Plus loin ce sont les oiseaux qui, ouvrant le bec et allongeant le cou, auditeurs étranges, écoutent ses prédications. Plus loin il reçoit les stigmates, s'abandonnant au séraphin qui, soutenu dans l'air par ses six ailes, darde des flèches aiguës sur ses membres. Plus loin il célèbre ses funérailles. Puis un autre tableau nous le montre dans la gloire, en dalmatique dorée et entouré de vertus célestes. Son histoire posthume se poursuit encore en de nombreux tableaux, chefs-d'œuvre si multipliés, qu'ils lassent l'admiration.

Ce Giotto, en effet, ce vieil élève du vieux Cimabuë, est déjà, si loin qu'il remonte, un vrai et grand peintre. Ce n'est plus un disciple du grand Panaclinos et du moine Denys, ces maîtres de l'odieuse esthétique byzantine. C'est un précurseur des génies de la belle époque. Je ne nie pas qu'il soit encore loin de connaître toutes les ressources de son art, que son pinceau manque quelquefois de souplesse; mais sa maladresse, si maladresse il y a, le sert souvent à merveille en donnant à ses personnages je ne sais quelle raideur hiératique qui va bien aux sujets religieux. Voyez l'un après l'autre tous ces tableaux que je n'ai fait qu'indiquer. Quelle variété d'attitudes et d'expressions! Que d'idées originales! Et surtout comme ces personnages sont

Fresque de Giotto dans la cathédrale d'Assise.

nobles et dignes, et quel peintre a jamais mieux traduit le dedans des âmes !

Nous étions ravis, mais nous avions besoin de respirer un peu l'air du dehors. Le Père qui nous avait accompagné nous offrit la faveur de visiter le monastère, du moins la partie qui n'a pas été confisquée par l'État. Nous acceptâmes avec empressement. Longs corridors, cellules étroites, vastes réfectoires, nous vîmes tout cela. Mais ce qui nous parut le plus curieux, c'est le bâtiment lui-même avec ses soubassements gigantesques. OEuvre du frère Élie, c'est un chef-d'œuvre d'architecture, et je connais peu de choses qui en égalent la puissance. Ces énormes et hauts piliers, symétriquement alignés, qui étayent la colline et soutiennent le monastère, vous écrasent par leur grandeur, et, vus d'en bas, vous donnent le vertige.

Tout en marchant, nous commençons à causer de l'Italie. Le sujet est si intéressant, que nous allons nous asseoir sous un olivier pour deviser plus tranquillement. Hélas ! que de plaies et quelles plaies ! Je ne puis ni n'ose les décrire. Pour moi je constate une fois de plus que la révolution, ici comme en France, est une œuvre à laquelle les deux grandes puissances contraires collaborent en se combattant. Satan fait le mal ; Dieu y cherche le bien, et le bien sortira du mal. Attendons.

Quand nous nous relevons, il est déjà tard, et il faut reprendre à travers l'Italie notre course de pèlerins. Nous embrassons l'excellent religieux bien fort, et nous redescendons la route poudreuse.

ROME

13 septembre.

Ce matin, après ma messe, un prêtre inconnu est venu à moi dans la petite sacristie de l'école française[1].

Prosit! me dit-il à mi-voix, suivant l'usage italien. Après avoir répondu *amen*, comme cela se doit :

« Vous êtes Romain? lui dis-je.

— Géorgien, monsieur l'abbé.

— Je comprends; vous avez voulu, vous aussi, faire votre pèlerinage à la ville éternelle et au pape.

— Oui, mais j'y suis venu plutôt que je ne l'aurais souhaité : je suis proscrit.

— Comment donc...?

Cette question avait jailli de mon cœur et de mes lèvres à l'accent de ce dernier aveu. Tout de suite, ce confesseur

[1] L'entière relation de notre voyage à Rome se trouve dans le volume intitulé *Italie*.

de la foi, si jeune encore, — il n'avait pas trente-cinq ans, — m'avait conquis, et je voulais sympathiser à ses malheurs. Il le comprit et continua :

« J'ai fait mes études à Paris, chez les pères de Saint-Lazare. Ordonné prêtre, je suis retourné dans mon pays. Là j'ai fondé une mission, et j'y faisais quelque bien. Mais, vous le savez sans doute, dans les provinces dépendantes de la Russie, aucun prêtre ordonné hors de l'empire n'a le droit d'exercer les fonctions sacrées sans l'agrément de l'empereur. Nul ne savait mon passé, et j'aurais continué longtemps à évangéliser mon petit peuple dans le coin obscur que j'avais assigné à mon zèle. Par malheur, un faux frère découvrit mon secret et me trahit. Je fus chassé de mon village, interdit des fonctions saintes par le pouvoir civil, et mis sous la surveillance de la police. Je ne pouvais plus réunir les fidèles ; monter à l'autel m'était défendu. Quelques mois durant, je dis la sainte messe dans ma chambre, seul, toujours seul, plus exilé dans ma patrie que je ne le suis ici même. Las de vivre ainsi, je quittai tout, et je vins abriter mon infortune à l'ombre de la prison du pape, chef et modèle des prêtres catholiques. »

Ce récit, fait simplement, dans un français que son incorrection rendait à la fois naïf et touchant, m'avait ému jusqu'aux larmes.

« Et que faites-vous ici ?

— Je suis les cours de la Propagande, en attendant qu'on m'ait oublié là-bas. Dans quelques mois...

— Et que pensez-vous faire, dans quelques mois ?

— Retourner.

— Mais l'on vous chassera encore !

— Peut-être.

— Alors ?

— Je m'exilerai de nouveau pour retourner encore. La persécution en Russie est inexorable, mais il faut que l'œuvre de l'Évangile s'y accomplisse comme partout. Le clergé indigène, trop soumis à l'État et trop éloigné de ses évêques dans ces pays immenses, marche sur place et fait peu de chose. Mais j'espère en Dieu; il peut nous rendre la liberté, à nous aussi. Ah! nous ne souhaiterions qu'un gouvernement comme celui de la France! Vous, du moins, vous pouvez crier quand on vous opprime. Nous, on nous étrangle ou on nous chasse. Avec ce que vous avez de liberté et un clergé comme le vôtre, la Russie serait sauvée avant peu. Mais, hélas!... Tenez, monsieur l'abbé, ajouta-t-il, quand je suis trop triste, je regarde du côté du ciel et du côté de la France; cela me fait du bien... »

Ainsi me parla ce jeune prêtre héroïque, avec un accent dans lequel son âme sincère et ardente se révélait tout entière. Je le quittai tout ému d'une grandeur qu'il ne semblait même pas soupçonner en lui.

A mon retour, j'ai la douleur de trouver notre cher directeur malade. Il n'a pu se lever; il est dévoré par la fièvre, et nous voilà dans la plus grande inquiétude. Nous sommes à l'époque de l'année la plus redoutable pour les étrangers. La *malaria,* ce souffle de mort qu'on respire sans s'en douter dans la fraîcheur du soir, est en ce moment en pleine activité. Notre pauvre ami aurait-il été atteint par ce mal perfide? Qu'allons-nous devenir, si loin de la France? Va-t-il falloir le remmener vite en des pays plus sains? Devrons-nous quitter Rome?

Un médecin, appelé en toute hâte, nous rassure sans nous rassurer, car un médecin italien doit être au moins deux fois aussi menteur qu'un médecin français!

Cependant, vers midi, la fièvre tombe; notre malade

s'endort. Nous pensons à la parole de Notre-Seigneur : *Si dormit, salvus erit,* et nos craintes se dissipent.

Vers quatre heures, la guérison est complète, et nous pouvons même sortir un peu.

Nous nous sommes rendus à la place du Peuple, belle grande place ornée d'un obélisque et de deux fontaines, et entourée d'une terrasse circulaire sur laquelle se dressent des statues allégoriques. C'est jour de dimanche : il y a foule, un va-et-vient de passants, de tramways et de véhicules de toutes sortes. L'église Sainte-Marie-du-Peuple, avec sa simple façade ensoleillée, nous invite à entrer. Après une courte prière, nous en faisons rapidement le tour. Elle mériterait une longue étude, car elle renferme une quantité d'œuvres d'art et plusieurs superbes tombeaux. Dans la chapelle Venuti, nous admirons le mausolée du cardinal de la Rovère, et surtout l'*Adoration de l'enfant Jésus* et l'*histoire de saint Jérôme,* du Pinturicchio. Plus loin, une *Assomption* et plusieurs scènes de la vie de la Vierge, par le même. Dans le bras droit du transept, les deux beaux monuments funèbres de l'archevêque Rocca et de l'évêque Gomiel. A la voûte de la coupole de la chapelle Chigi, huit belles mosaïques d'Aloïsio della Pace, d'après les cartons de Raphaël. Ces mosaïques représentent le Dieu créateur des mondes entouré d'anges, et ayant les astres à ses pieds. Composition admirable, dans laquelle le peintre immortel apparaît dans toute la maturité de son génie.

Mais je m'aperçois que me voilà presque aussi intéressant que cet excellent Bædecker ! sortons vite. D'ailleurs, ce que nous voulons surtout à cette heure, c'est moins la vision des œuvres de l'art qu'un peu d'air frais, d'ombre et de verdure.

Nous montons à la villa Borghèse.

Cette villa est une propriété immense qui possède, tout près des murs mêmes de la cité, les charmes agrestes de la campagne. Vaste jardin ombragé, coupé de pistes et de prairies où paissent fraternellement des chevaux et des bœufs. Çà et là, des statues et des monuments de toutes sortes, théâtre, porte égyptienne, rappellent le goût et la richesse dés maîtres d'autrefois. Mais aussi l'abandon, les marbres mutilés, les allées mal entretenues, les murailles qui croulent, un je ne sais quoi de désolé et de déchu rappelle la ruine de ses maîtres actuels. Le prince Borghèse, les journaux en ont porté la nouvelle dans toute l'Europe, a fait, il y a quelques mois, une faillite de trente-six millions. D'ailleurs, à ce qu'on nous a dit ici, la plupart des princes romains sont à cette heure en pleine déconfiture : leur alliance avec la royauté spoliatrice, sans les sauver de l'ignominie d'une trahison envers la papauté, n'a rien pu contre l'effondrement de leur fortune. Plusieurs ont quitté Rome pour un exil sans honneur : il paraît que les Borghèse sont de ceux-là.

Le peuple semble se préoccuper aussi peu que possible du malheur qui a frappé les propriétaires de cette incomparable villa. Il a fait sa propriété de ces grandes allées et de ces magnifiques ombrages. Il y amène ses enfants, il s'y promène, il s'y amuse, il s'y vautre. Les attelages s'y succèdent comme au bois de Boulogne, voitures plus ou moins luxueuses dans lesquelles les matrones promènent leur indolence orgueilleuse, et les jeunes femmes leurs prétentions plus ou moins légitimes. Il y a aussi de gentils petits coins, où l'on peut se promener et rêver dans la solitude. Mais un jour de dimanche, ils sont tous occupés. Nous ne faisons donc que passer dans la villa, et nous allons au Pincio.

C'est encore une promenade ravissante, que ce Pincio. Imaginez une colline dont le faîte est nivelé et s'étend en

Villa Borghèse.

esplanade. Là-dessus, des kiosques, des statues, des sentiers sous les tamaris et les chênes verts. D'un côté, la place du Peuple; de l'autre, au pied d'un mur à pic, la villa Borghèse, que nous venons de quitter. Tel est le Pincio. On y joue, on s'y promène, on y lit le journal. C'est encore un rendez-vous de la belle société. Je dois dire aussi qu'on a de là-haut une vue magnifique : Rome presque entière se déroule devant les yeux. Le dôme gigantesque de Saint-Pierre, le Vatican, les murs de la ville, les collines lointaines; un peu à gauche, la masse sombre du château Saint-Ange, le Janicule; en deçà du Tibre, un chaos de maisons et d'églises, s'étendant jusqu'au Quirinal : on voit tout cela et mille autres choses, tant et tant que j'arrête ici ma description de désespoir. A l'heure où nous y sommes, le soleil se couche là-bas dans la campagne romaine, et ses rayons enflammés incendient la ville. C'est un spectacle sublime; nous restons là jusqu'à ce que le dernier rayon disparaisse. Nous nous en allons alors tout doucement, au vaste bourdonnement de l'*Ave Maria,* sonné par toutes les cloches.

Je croyais ma journée finie; mais une délicieuse surprise m'attendait à l'hôtel, dans la personne d'un vieillard très haut placé, à qui des amis m'avaient recommandé à mon départ de France. J'ai toujours aimé les vieillards, et parce qu'ils savent beaucoup, et aussi parce qu'ils sont bons pour les jeunes. Ils sont comme les vins de bons crus, qui sont d'autant plus suaves qu'ils sont plus vieux.

Celui que je trouve chez moi, en rentrant, est parmi les meilleurs que je connaisse. Il y a quarante-deux ans qu'il habite Rome, sans l'avoir quitté un seul jour. Il a beaucoup souffert pendant ce long intervalle de temps; mais pour le bien de l'Église il est resté à son poste, glorieux martyr d'un exil volontaire.

Je veux rapporter un bout de notre conversation, parce que ces paroles me paraissent instructives.

« Personne mieux que vous, lui dis-je à un moment, ne peut juger de l'état de Rome sous les deux dominations des papes et des rois. Que pensez-vous à ce sujet?

— Quel État, et quel état! me répondit-il aussitôt, en faisant allusion à un mot fameux de notre grand Bossuet. J'ai connu Rome sous Pie IX; je vis dans Rome conquise par les Italiens depuis plus de vingt ans. Eh bien! je vous le dis: Rome n'est plus Rome.

« Sans doute, les papes eux-mêmes ne pouvaient pas faire grand'chose des Italiens. Ce peuple est réfractaire à l'action du bien plus qu'aucun autre. Du moins, le mal ne pouvait se donner libre carrière. L'impiété, si elle existait, restait dans ses ténèbres. L'enfance était élevée chrétiennement.

« Tout cela est changé. Avec les Italiens, les sociétés secrètes sont devenues victorieuses dans Rome, et elles ont, près du trône de l'Apôtre, organisé l'apostolat de toutes les perversions. A cette heure, l'Italie est corrompue jusqu'aux moelles, et Rome est plus corrompue que l'Italie...

— Mais au point de vue matériel...

— Oui, on a bâti quelques ponts de fer, comme là-bas auprès du pont Saint-Ange. Vous avez pu voir vous-même comme c'est horrible. On a percé des rues qui sont restées inhabitées. On a commencé à grands frais des quais qu'on est maintenant obligé de démolir. La ville a fait vingt millions de dettes. On a fermé les couvents qui nourrissaient les pauvres. Et puis, qu'est-ce qu'on a fait encore? Ma foi, rien du tout! Quant à la richesse du pays, cherchez trois louis d'or dans Rome; si vous les trouvez, je vous conduis au Capitole avec des lauriers au front!

« Tenez, mon cher ami, ajouta mon vénérable interlocuteur, bénissons le bon Dieu ; il nous a fait une grande grâce en plaçant notre berceau sur la terre de France. *Addio!* »

La cloche du dîner sonnait ; nous dûmes nous séparer. Mais jamais je n'ai tant maudit la cuisine et les cuisiniers.

Le soir, dans ma chambre.

Quiconque ira, comme nous, visiter Rome, sera frappé de la situation humiliée qui est faite au pape dans la ville du pape. L'Italie spoliatrice s'y est installée comme chez elle ; elle y étale son insolence de nation parvenue ; elle envahit tout, prend tout, et ne laisse au souverain pontife que cette colline illustre du Vatican qui fut peut-être un Thabor en d'autres siècles, mais qui, depuis déjà plus de trente années, est bien devenue le plus cruel des calvaires.

Vingt fois le flot révolutionnaire, grossi et sali de l'écume de tous les peuples, est venu battre les murs de cette prison sublime. Les sectes en ont ébranlé les séculaires assises au bruit des blasphèmes, des menaces et des hurlements de toutes les passions déchaînées. Elles ont agité devant les yeux du chef de l'Église du Christ les spectres de Voltaire et de Giordano Bruno. Elles ont essayé de jeter au vent du ciel et à l'eau du Tibre les cendres de Pie IX. L'Italie a tout laissé faire, hélas ! tout provoqué peut-être. Fille de la papauté, elle s'est montrée implacable contre la papauté, à laquelle elle doit tout. J'ai connu une mégère qui arrachait à sa mère paralysée jusqu'à ses habits pour les vendre et boire. Voilà ce qu'a fait l'Italie. Non contente de laisser insulter le pape, non contente de lui ravir son territoire, elle lui a volé jusqu'aux biens qui lui sont le plus nécessaires. Elle ne s'est pas unifiée, agrandie et enrichie par la conquête, elle est devenue ce qu'elle est par le brigandage.

Aux beaux jours de la foi, la chrétienté tout entière se serait levée pour venger un pareil crime ; et comme elle se rua à la délivrance du sacré tombeau, elle se serait ruée à la délivrance du saint-siège. La chrétienté livrée à des chefs sans foi ou sans puissance ne s'est pas armée et n'a pu que gémir. A cette heure, tout est consommé. La papauté, trahie par la civilisation, est dépossédée et prisonnière.

En en causant, mes amis et moi, nous nous demandions, avec une certaine tristesse, si une pareille situation pouvait s'éterniser.

Pour moi, je ne puis le croire. Rome capitale de l'Italie est une monstruosité historique. La Rome des Césars, maîtresse de l'univers subjugué ; la Rome des papes, maîtresse de l'univers éclairé, c'est là une tête trop colossale pour un si petit royaume. Une telle ville ne peut avoir d'autre avenir que son passé.

Mais il est une pensée qui donne à nos espérances un point d'appui plus solide encore. C'est que la papauté, rajeunie avec Léon XIII et devenue plus puissante que jamais, a besoin pour exercer son action dans le monde de la plus absolue indépendance.

Voyez en effet. Placée, pour ainsi dire, à l'ombilic de la terre, voici qu'elle attire à son centre tous les peuples de la terre. Pas un mois ne s'écoule, presque pas un jour ne se passe qu'elle ne voie venir à elle des centaines et des milliers de pèlerins. Elle est pour les générations présentes comme un aimant irrésistible. En plein triomphe de l'impiété, tous les fronts et tous les cœurs s'orientent à son foyer divin. Le pape ne peut prononcer un mot de sa faible voix de vieillard épuisé sans ébranler les deux pôles.

Dans les sphères plus ardues de la diplomatie, même étonnant prestige, même victorieuse influence. L'Église a tellement étendu ses conquêtes, qu'elle a des racines partout, et qu'il n'est pas un gouvernement moderne, même parmi les plus dissidents, qui ne soit obligé de compter avec le pape. De Berlin à Pékin, de Constantinople à New-York, de Londres aux jeunes capitales des peuples noirs que la religion enfante chaque jour à la liberté, les chefs des peuples entretiennent des relations avec le grand prisonnier qui fut et qui reste le seul véritable roi de la Rome éternelle. Les plus graves intérêts nationaux étant en jeu, ces relations sont nécessaires, et il est inadmissible que les puissances du monde traitent avec un pape esclave d'une nationalité quelconque. L'Italie aura donc beau faire, tôt ou tard, si des événements inattendus ne viennent briser les chaînes dont elle a garrotté la papauté, la force des choses les brisera, et l'immortelle Église, après une épreuve plus ou moins longue, recouvrera, dans le triomphe de son affranchissement, son domaine inaliénable et sacré.

En résumé, le pape ne peut être le sujet d'aucun peuple, étant le père de tous les peuples ; donc, il lui faut une portion de territoire temporel ; donc, il l'aura.

Dans quelles conditions s'accomplira cette grande restauration, nul ne le sait ni ne peut le savoir. Mais que nous importe, si elle doit se faire ?

Voilà ce que nous nous disions en contemplant, du haut de la colline où nous étions assis, la ville sainte du catholicisme indignement profanée par un gouvernement de Vandales. Le raisonnement donnait à nos espérances la force des plus invincibles certitudes, et nos âmes vibraient d'orgueil attendri à cette vision de l'inéluctable avenir. Nous nous rappelions la parole du Christ à son premier vicaire : « O Pierre, tu es Pierre, et sur cette pierre je bâtirai mon Église, et les portes de l'enfer ne prévaudront pas contre elle. »

MONTE CASSINO

21 septembre.

Me voilà dans une petite cellule de moine, entre quatre murs blanchis à la chaux. Pour orner cette nudité, un crucifix et deux tableaux de piété, comme on en trouve chez les paysans. En fait de meubles, un lit, une table et une chaise. Pour m'éclairer, un quinquet de cuivre à mèche fumeuse. Il faut que je vous raconte comment nous sommes venus ici.

Partis de Rome vers midi, nous avons pris la ligne de Naples avec l'intention de nous arrêter au mont Cassin. Une famille italienne s'était installée dans notre compartiment. Il y avait le père, un gros homme à figure de dogue; la mère, une femme maigre, à l'air fatigué et aux mains sales; une petite bonne de treize ou quatorze ans, et trois galopins aux yeux noirs, aussi turbulents que malpropres.

La famille est chose si respectable et sacrée, que, malgré
une certaine répugnance, je restai là, espérant me consoler
d'un spectacle assez peu agréable par la vue des différents
paysages qui défileraient devant nous. Je vis, en effet,
passer la triste campagne romaine avec ses éternels aque-
ducs et ses grands bœufs aux longues cornes, puis les petits
monts Sabins, puis de grandes plaines cultivées, puis une
espèce de désert. Mais voici qu'un parfum qui n'est pas
celui de la solitude vient me saisir aux narines. Cela sent
l'ail, le saucisson, le fromage et mille autres denrées fâ-
cheusement odorantes. C'est la famille italienne qui déjeune.
Le père et la mère donnent la becquée aux petits avec un
égal amour. Une timbale de plomb bruni passe et repasse
devant nous. Un bambin qui mange une prune en est bar-
bouillé jusqu'aux oreilles ; la maman lui essuie la bouche
avec l'envers de sa robe. Cependant les détritus de toutes
sortes tombent sur le plancher : on ne sait plus où poser le
pied. Cela vous prend au nez, cela vous prend à la gorge.
La position n'est plus tenable, et je profite d'un arrêt pour
me sauver dans un autre compartiment.

Quelques minutes après nous descendions à Cassino. Il
était écrit sans doute que cette journée serait une journée
néfaste, car une nouvelle aventure nous attendait à la
gare. Trois voyageurs seulement s'y étaient arrêtés :
c'étaient nous trois. Or dix voitures au moins stationnaient
à la porte, dix voitures et dix cochers italiens ! A peine
avons-nous apparu, que voilà les dix cochers suivis des dix
voitures qui se précipitent sur nous comme sur une proie.
Ne sachant auquel entendre, nous les repoussons tous et nous
nous engageons sur la chaussée, les yeux fixés sur l'immense
couvent qui couronne la montagne au-dessus de la petite ville.
Tous se jettent alors à notre poursuite, criant, gesticulant,
vociférant, suppliant avec des voix pleines de prières. Nous

faisons la sourde oreille : ils ne se découragent pas. Enfin l'un d'eux, mieux inspiré, baisse tout à coup son prix ; nous acceptons, nous montons dans sa voiture attelée d'une maigre rosse, et nous partons. Mais un ânier, qui prétend avoir notre parole, se jette à la tête du cheval, monte à côté du cocher, et demande un dédit. Il y met une pétulance et une obstination inouïe : *E fatta convenzione, aliqua cosa, signori.* Fatigués de sa litanie sempiternelle, nous nous en débarrassons comme nous pouvons.

« Je n'ai pas payé pour vous, dit tout à coup l'un de nous, descendez tout de suite ! »

L'énergie avec laquelle cette intimation lui est faite l'impressionne, il saute à terre ; mais longtemps encore il nous poursuit de cris et d'insultes.

Nous nous arrêtons un instant dans la ville pour prendre un cheval de renfort, car la montée est rude et longue. Pendant qu'on attelle, nous visitons l'église et les rues. L'église est insignifiante, mais les rues sont peut-être ce que nous avons vu de plus italien. C'est plus désordonné et plus sale que partout ailleurs. Le peuple est un vrai peuple de déguenillés. Personne qui travaille. Hommes et femmes sont assis sur le pas des portes ou jouent sur les carrefours. Les enfants se roulent dans la poussière ou pataugent dans le ruisseau.

Grâces à Dieu, nous n'allons pas coucher dans cette bicoque. Nous allons trouver là-haut, chez les fils de saint Benoît, l'hospitalité antique et le gîte que nous rêvons, dans l'air silencieux et pur de la montagne et dans la paix du cloître. Déjà nous gravissons lentement le lacet qui serpente sur les rampes abruptes. Peu à peu nous nous élevons au-dessus des oliviers, au-dessus de Cassino, qui s'aplatit de plus en plus le long de sa rivière. Le soir tombe. Les cheminées lancent dans l'air un mince filet bleu; la cloche tinte; les montagnes se voilent; le soleil se couche en jetant une si ardente lumière sur les pics lointains, qu'on les dirait diaphanes. A chaque détour le monastère apparaît sur son sommet presque inaccessible.

Enfin nous voilà devant la porte monumentale, toute grande ouverte. Il est déjà nuit. Nous entrons : personne. Nous pénétrons sous les arcades du cloître : personne. Nous étions là depuis quelque temps déjà, ne sachant trop à quel saint nous vouer, quand une grande ombre s'approcha de nous, et sans dire un mot, nous montra une espèce de cellule creusée dans le roc, sans fenêtre aucune, avec un geste qui voulait dire : Entrez. Nous y entrâmes comme dans une prison. Un assez long temps s'écoula. La grande ombre reparut alors; cette fois elle parla.

« L'abbé vous accepte, dit-elle, suivez-moi. »

Nous la suivîmes à travers un dédale d'escaliers et de corridors où luisaient de distance en distance de petites veilleuses, dont la clarté timide ressemblait à celle des lucioles. Grâce à cette clarté, nous pûmes distinguer les traits de notre guide. C'était un grand moine, maigre et sec, à figure longue et un peu dure. Il fit grincer trois serrures, alluma trois quinquets, et nous laissa sans plus de façon chacun dans notre cellule.

O douceur de l'hospitalité monacale, qui pourra vous chanter jamais! Je pensais à nos bons religieux de France, à tous ces chers pauvres de Dieu, dont l'accueil est toujours si plein de cordialité et de sourires, et je ne comprenais rien à cette mésaventure. Que faire dans cette cellule?

Par bonheur, voilà mes amis qui font irruption chez moi.

« Eh bien! dit l'un, voilà qui s'appelle bien recevoir les gens!

— Et moi, dit l'autre, moi qui ai emprunté de l'argent
à mon père pour venir m'amuser en Italie! Heureusement
que l'excellent homme ne me voit pas ici... »

Notre première tristesse se changeait en folle joie. Nous
en étions à serrer nos ceintures sur nos estomacs vides,
résignés à tout, lorsque l'on frappa à ma porte. C'était un

Le mont Cassin.

vieillard, un laïque, qui venait nous prier de passer à table.

Notre dîner, composé de gâteaux au miel et au fromage
et de figues fraîches, nous a paru succulent; il a duré dix
minutes. Mes amis sont allés se coucher là-dessus. Moi,
j'ai veillé pour noter tout ce que vous venez de lire. Il est
dix heures; par une petite fenêtre, je vois un ciel plein
d'étoiles, avec une lune splendide qui jette à flots sa clarté
blanche sous les arcades du cloître. Tout dort, et le silence
est si profond, qu'il en est presque effrayant.

22 septembre.

Ce matin, nous étions sur pied dès cinq heures et demie, aux premières lueurs du jour, déjà moins prompt à se lever. Sans doute parce que nous sommes dans le quartier des étrangers, le silence était aussi profond que pendant la nuit. Nos pas, à notre sortie des cellules, remplissaient le corridor immense d'échos formidables. Ce que nous voulions trouver avant tout, c'était l'église; mais où aller? Nous risquions de nous égarer dans les dédales compliqués d'un monastère où l'on ne rencontrait âme qui vive. Une fenêtre au bout du couloir nous attira. Ce devait être si imposant, le paysage matinal que nous dominions de si haut! Nous ne nous trompions pas; mais le paysage qui nous attendait n'était pas celui que nous attendions. Les nuages, pendant la nuit, s'étaient formés dans les vallées profondes qui, presque de tous côtés, entourent le mont Cassin. En l'absence de tout vent, ils s'étaient élevés jusqu'au pied du monastère, et là, ne pouvant plus monter sans doute, ils s'étaient étalés en une nappe immense de laquelle surgissaient seulement, comme autant de noirs îlots, les sommets tourmentés des Abruzzes. Le soleil levant donnait à cet incommensurable océan de vapeurs la blancheur éclatante de la neige. Sous cette blancheur, toute la terre, toute la vie avait disparu, et nous nous faisions l'effet, perdus que nous étions sur notre cime, de quelques mortels égarés sur l'Olympe. Longtemps nous restâmes en contemplation devant ce grand et étrange spectacle, admirant ces jeux sublimes de la nature, qui, avec un peu de vapeur et un rayon de soleil, produit ces incomparables merveilles. Cependant l'astre qui monte devient plus ardent, il attire à lui la blanche couche des nuages. D'abord elle fume dou-

cement, comme un lac au soir d'une journée trop chaude;
puis elle s'agite et se soulève comme un champ de givre au
souffle de la tempête. Enfin elle se sépare en forme de grandes
vagues pareilles à celles d'une mer écumante et furieuse.

L'abbaye du mont Cassin.

Nous serions restés là longtemps encore, si le vieillard
d'hier soir n'étant venu à passer, nous n'avions profité de
l'occasion pour nous faire conduire à la chapelle.

Nous y sommes restés plus de deux heures, et je dois
dire, au grand honneur de la modestie des moines, que
pas un seul ne nous a vus ni ne s'est occupé de nous.

L'église est belle, mais trop chargée d'or et de peintures.

L'esprit est fatigué et les yeux sont éblouis dès les premiers regards.

Dans le chœur des religieux, beau chœur aux superbes stalles sculptées, se trouve le tombeau de saint Benoît et de sa sœur jumelle, sainte Scholastique.

D'après l'opinion de nos bénédictins de France, le corps du saint fondateur ne serait plus là. Il aurait été apporté à Saint-Benoît-sur-Loire par saint Mommole, lors des invasions[1].

Mais c'est là une trop grave controverse pour que je m'y engage. Sans en penser si long, nous nous sommes agenouillés au pied de cet autel, où sans doute il reste encore quelque chose de sa poussière, et nous avons de tout notre cœur prié sa grande âme, jadis si puissante en ces lieux.

J'ai relevé l'admirable inscription suivante, écrite en lettres d'or sur le marbre du tombeau où il avait été déposé à côté de sa douce sœur :

BENEDICTUM ET SCHOLASTICAM

UNO IN TERRIS PARTU EDITOS

UNA IN DEUM PIETATE COELO REDDITOS

UNUS HIC EXCEPIT TUMULUS

MORTALIS DEPOSITI PRO ÆTERNITATE

CUSTOS

Cette inscription nous rappelait avec une concision sublime, ces deux sublimes vies d'un frère et d'une sœur qui, nés le même jour, rendus au ciel au sein d'un même amour, s'étaient encore trouvés réunis dans un même sépulcre.

---

[1] Il semble, en effet, historiquement prouvé que la plus grande partie des reliques de saint Benoît a été apportée par saint Mommole, lors des invasions, à l'abbaye de Saint-Benoît-sur-Loire, au Val d'Or, et que quelques fragments seuls sont restés au mont Cassin près des reliques de sainte Scholastique, sa sœur.

Nous n'avions plus que quelques minutes à rester dans
le monastère, et nous n'avions encore vu ni la cellule de
saint Benoît, ni cette fameuse bibliothèque qui contient
tant de richesses. Nous allions partir sans même dire adieu
à nos hôtes invisibles et introuvables; mais, Dieu merci,
la grande ombre qui nous avait accueillis à notre entrée se
trouve sur nos pas au moment de notre départ. Elle nous
montre rapidement l'ancienne partie du couvent changée
en chapelles, dont les murs sont décorés de peintures raides
et suggestives dans le genre d'Overbeck; puis la bibliothèque, avec ses chartes authentiques des rois de tous les
âges, ses éditions de Dante criblées de surcharges, et ses
beaux missels enluminés des plus gracieuses miniatures.
Un jeune moine aux yeux de flamme, penché, le front
plissé, sur des parchemins jaunis, s'acharnait à déchiffrer
l'indéchiffrable. Nous aurions voulu rester là plus longtemps, mais il était trop visible qu'on n'y tenait guère.

Nous venons de redescendre après avoir payé maigre-
ment cette maigre hospitalité.

LE RETOUR

De Monte-Cassino nous sommes allés à Naples, la
plus séduisante ville qui soit au monde, puis nous avons
repris le chemin de la France par Pise, Gênes et ce chemin incomparable de la Côte d'azur, véritable féerie pour
les yeux.

Mais j'ai dit tout cela ailleurs, et je n'y veux pas revenir.

J'ajouterai seulement que nous nous sommes arrêtés
quelques heures à Nice, et que j'y ai passé la soirée presque
entière au rocher des Ponchettes, devant la mer qui poussait
à nos pieds, sous les cavernes profondes, sa vague blanche
d'écume, ne se retirant que pour s'élancer de nouveau avec
un bruit toujours semblable.

Ce chant sauvage des flots me rappelait les fureurs de la
mer de Bretagne pendant certaines nuits d'automne. Bien
des fois j'en ai été le témoin frissonnant, quand, dans le

silence immense, s'élevait seule la grande voix des grandes eaux. Oh ! que ces grondements monotones me serraient le cœur ! Dans ces vastes bruissements, tantôt je croyais distinguer les cris d'une foule en marche vers la rive, cris de colère comme d'une armée qui va tout détruire ; tantôt je croyais percevoir des soupirs, des plaintes et des appels. Il me semblait que tous les malheureux que l'abîme a engloutis dans l'horreur des naufrages désespérés, unissant dans un même gémissement leurs derniers cris d'angoisse, le jetaient encore une fois au ciel et à la terre. Aux livides clartés d'un ciel traversé par les nuées, j'aurais juré que je voyais leurs pâles cadavres flotter dans le creux des vagues. Je compris alors l'âme mélancolique des fils d'Armor. Elle n'est si triste que parce qu'elle a été bercée par la triste mer ; elle n'est si grande que parce que ses yeux ont sondé les horizons sans limites ; si tourmentée, que parce qu'elle a vécu toujours dans l'éternel orage.

Ici la mer n'a rien d'aussi sombre ; sa colère n'est qu'une mutinerie, et sa tristesse, que cette plainte des choses créées dont ont parlé le poète et l'apôtre. Au loin, dans son immensité comme sur ses rives, tout respire la joie et le bonheur.

Quand, la nuit tombante, nous rentrons dans la ville, la ville elle-même est en fête. La musique militaire joue sous les ombrages des promenades publiques ces airs vifs qu'on n'entend qu'en France ; et sur le seuil des cafés, des orchestres en plein vent jettent à l'air attiédi du soir les plus suaves vibrations des mandolines et des harpes. Les violons mêlent leurs chansons passionnées à ces harmonieux murmures. Une foule brillante remplit les rues, circulant dans la fraîcheur et les parfums.

Ville mondaine, paradis du diable. Pourtant le bon Dieu y a les siens ; car tout à l'heure, dans une petite église gothique, nous avons trouvé une foule brillante prosternée en de saintes prières.

En résumé, Nice nous a laissé dans l'âme l'impression troublante d'une ville où l'on pourrait être heureux.

Cannes, refuge mélancolique des mélancoliques poitrinaires, petite ville bien douce où il doit être plus dur qu'ailleurs peut-être de dire adieu à la vie. Que j'en ai connus, qui sont venus respirer là leur dernier rayon de soleil ! La mort les avait touchés du doigt, et ils s'en allaient dans la vie comme des ombres. Ils me racontaient dans leurs lettres qu'ils étaient allés aux îles de Lérins, que j'aperçois là-bas, et qu'ils étaient revenus charmés. Hélas ! ils sont partis pour d'autres rivages, et ils ne sont pas revenus. Dieu les garde dans sa sainte paix !

Nous avons vu aussi, en passant, l'antique Massilie des Phocéens ; Marseille, ville des Marseillais, unique au monde, comme ils vous le diront tous ! Pays de l'orgueil bon enfant, de l'exagération sans frein et des comiques chimères ! La finesse y est grosse, et la grossièreté n'y manque pas de finesse. Toute souris y accouche d'une montagne, toute montagne d'une souris. Chaque pensée s'y enfle comme la grenouille de la Fontaine, à ce point qu'elle en crève. Le mensonge n'y est plus le mensonge.

Il y eut, à notre arrivée, un petit incident qui faillit tourner au drame marseillais, mais qui nous désopila de la plus jolie façon.

Sur le quai de la gare, un individu saisit nos valises et s'offre à nous conduire au plus proche hôtel. Depuis que nous ne sommes plus en Italie, nous sommes devenus moins défiants ; nous le laissons faire, et nous le suivons.

Aux gages de je ne sais quel hôtelier de bas étage, il veut d'abord nous faire entrer dans je ne sais quel bouge.

Nous refusons, il essaye de nous persuader; nous persis-
tons, il se récrie; et voilà qu'il se démène comme un
démon pour nous convaincre qu'il veut notre plus grand
bien. Le maître d'hôtel, son tablier blanc sur le ventre,
accourt au bruit. Il prend la parole, et au milieu d'un

Marseille.

déluge de métaphores, il engage, il prie, il menace, il
affirme, il défie..., et cela durerait encore si, la faim et
l'impatience s'en mêlant, nous n'avions tourné les talons.
Notre porteur de valises nous suit en maugréant; nous
arrivons à l'hôtel de Russie.

Là, une scène épique.

Pendant qu'un domestique empressé s'empare de nos
bagages, notre directeur règle son petit compte avec son

commissionnaire. Il tire une pièce de un franc de son porte-monnaie, et l'offre solennellement au bonhomme en ayant l'air de lui dire :

« Voyez comme je suis généreux ! »

Mais l'autre ne l'entend pas ainsi.

« Un franc ! s'écrie-t-il, ce n'est pas assez, Monsieur. Vous ne trouverez pas dans tout Marseille un seul homme qui vous porte vos sacs pour cette somme-là.

— Combien est-ce alors ?

— Deux francs, Monsieur. »

Le directeur veut raisonner.

« Comment ! vous avez fait trente pas avec nous; vous n'avez pas été occupé dix minutes...

— Monsieur, c'est deux francs. »

Et le geste fier avec lequel le commissionnaire prononça cette parole signifiait :

« Je n'en démordrai pas; il est de ma dignité de ne pas accepter moins. Sachez que je suis de Marseille. »

Le directeur prit la mouche. C'était bien assez d'avoir été volé en Italie; il ne voulait plus se laisser faire en France.

« Voilà ce que je vous dois, un franc ! Vous n'aurez pas davantage. »

L'autre tendit la main; mais dès qu'il eut la pièce blanche, il la jeta par terre avec ce cri sublime :

« Jamais ! Je me vengerai, ajouta-t-il; sortez de l'hôtel, si vous l'osez ! »

Et il alla se tapir dans la rue, à côté de la porte, sous les arbres.

Un domestique pimpant, prévenant, charmant, au doux zézayement marseillais, nous servit à dîner.

« Et notre homme ? interrogea le directeur quand nous fûmes au dessert.

— Il est toujours là.

— Mais va-t-il y passer la nuit ?

— Que ces messieurs dînent bien tranquilles. J'ai été soldat ; j'en fais mon affaire. »

Et, jetant là sa serviette, notre honnête domestique disparut. Ma parole, j'ai cru, à son agitation, au bouleversement de son visage, à son allure tragique, qu'il allait commettre un crime pour nous faire plaisir.

Au bout de quelques instants, il revient : il est calme ; un beau sourire écarte ses noires moustaches ; il a sur le front tous les rayonnements d'une victoire.

« Eh bien ?

— Je savais bien qu'il ne me résisterait pas.

— Et qu'avez-vous donc fait ?

— Je lui ai donné quarante sous !

— ???

— Ne vous étonnez pas, Messieurs; ce drôle est un homme terrible, sans honnêteté ni scrupule, car il n'est pas de Marseille. Il vous aurait attendus là, à la porte, jusqu'à demain matin, et à votre premier pas dans la rue, il vous plantait son couteau entre les deux épaules!

— Alors vous nous avez sauvé la vie, ni plus ni moins?

— Oh ! Messieurs, ce que j'ai fait est peu de chose. Mais, aussi vrai que je m'appelle Jules Bertrand, je le jure par les cendres de ma pauvre mère; je ne me serais jamais mesuré avec un tel homme si ce n'eût été pour vous. On vous persécute, on vous insulte, on vous exploite aujourd'hui. Tout le monde vous veut du mal; moi, je vous aime, voilà tout... »

Jules Bertrand sourit, salua et se retira. Celui-là, du moins, est bien de Marseille.

Le lendemain, nous sommes montés à Notre-Dame-de-la-Garde, où nous voulions dire notre messe; nous avons visité l'admirable Gloriette encore inachevée, parcouru les ports où s'entassent les vaisseaux de toutes les plages, et erré quelque temps dans la ville. Partout le mouvement et le bruit, partout l'agitation et le travail, sauf là-haut dans la petite église aérienne qui domine la ville et la mer. Là, des jeunes filles chantaient doucement de doux cantiques à la Vierge, pendant qu'à tous les autels les prêtres élevaient l'hostie divine. Une dizaine de marins entrèrent, et vinrent, pieds nus, se prosterner devant Notre-Dame ; heureux hommes qui l'avaient sans doute implorée dans les grandes détresses de la mer, et que sa main puissante avait arrachés à la fureur des flots soulevés.

Hier, nous avons vu Lyon et Fourvières, la Saône et le Rhône, la cathédrale et quelques-unes des belles rues. Puis nous sommes allés coucher à Dijon, ville antique, si riche en souvenirs. Là, nous avons causé avec les grandes ombres de saint Bernard et de Bossuet, de Lacordaire et de Montalembert. Fontaine-Bernard nous a vus sur sa petite colline qu'entoure un paysage si mélancolique. Les hideuses gargouilles de Notre-Dame ont ricané sur notre passage. Enfin, nous voilà à Paris, tout rempli de rumeurs par la mort du général Boulanger. La France, enivrée quelques mois par ce soldat de fortune, pleure et rit à la fois de cette fin coupable, moins tragique encore que stupide.

Dans quelques heures nous reverrons Orléans et les bords de la Loire. Salut de loin, petite maison tranquille où m'attendent mes belles études ; salut, chère jeunesse chrétienne à qui j'ai voué ma vie ! Comme l'abeille qui est allée bien loin recueillir le miel des fleurs, après avoir parcouru les champs d'Italie, je rentre à la ruche avec ma petite part de butin.

LÉON XIII POÈTE

ÉTUDE SUR LES *CARMINA* DE LÉON XIII

En écrivant l'histoire de Léon XIII, parue l'année dernière, nous nous aperçûmes que nous n'avions pas seulement à peindre un grand caractère, mais aussi à révéler aux lettrés un ami passionné des belles-lettres, prosateur émérite et poète consommé.

On sait avec quelle virtuosité le pape écrit la prose latine. Ses encycliques, pour la plupart immortelles, sont là pour l'attester.

Il n'est pas moins habile dans l'art délicat des vers latins, art si cher jadis aux esprits distingués, si délaissé aujourd'hui, mais toujours en honneur dans cette Italie, où la langue des vieux Romains est gardée comme le plus précieux des héritages. Il s'y est livré, avec une sorte de ferveur, dès son plus jeune âge, sur les bancs de l'école; il y est revenu, avec une rare fidélité, au cours de sa longue et brillante carrière. Enfant, il demandait à la poésie une compensation au rude et ingràt labeur des premières études ; plus tard, il cherchait en elle quelque diversion aux spéculations sévères de la philosophie et de la théologie ; en ces derniers temps enfin, dans la solitude de son royal palais changé en prison, il a su y trouver quelques rapides distractions aux préoccupations écrasantes du ministère apostolique. Il sent tout à coup au plus profond de son cœur ce frisson mystérieux qui précède l'inspiration ; il prend sa plume d'or, et il écrit. C'est une épitaphe pour une tombe ; c'est un compliment à un ami, une hymne à un saint, quelque fine satire, une tristesse, une joie, un souvenir, une impression, un rien ; fugitive pensée prestement saisie au vol, et délicatement fixée aussitôt en vers harmonieusement cadencés.

Aux yeux du poète, toutes ces feuilles volantes étaient destinées à périr, comme ces fleurs que nous cueillons sur le chemin pour les offrir à nos compagnons de voyage, et qui, avant le soir, sont déjà fanées entre leurs doigts.

Il comptait heureusement sans la filiale piété de ses nombreux admirateurs. Ces fleurs d'un jour, une à une, furent recueillies à son insu, et des mains aussi adroites que dévouées en firent l'un des plus charmants bouquets de poésie qui se puissent voir ; bouquet aux parfums discrets et un peu subtils, mais savoureux et pénétrants.

Seulement, pour les goûter, ces parfums, il faut, d'une part, connaître à fond la langue de Virgile, et, de l'autre, apprécier à sa valeur ce noble exercice des vers latins, trop dédaigné de notre génération.

Le livre des *Carmina* (c'est là le simple titre qu'il porte ; des *Vers*), est donc un livre fermé pour le plus grand nombre.

Cela nous a paru regrettable. La pensée du pape, en effet, sous quelque forme qu'elle se présente, est toujours chose sacrée aux yeux des catholiques, et nous ne croyons pas qu'on puisse se vanter de connaître Léon XIII, cette personnalité si riche et si complexe, si l'on ne connaît pas ses œuvres poétiques.

C'est que dans ces vers d'un charme si particulier, il s'est peint lui-même tel qu'il est, ingénument et tout entier. Point de fard, point de pose. Il est manifeste qu'il ne songeait pas, à l'exemple de maint auteur de *Souvenirs d'enfance et de jeunesse* [1], à fournir des matériaux aux biographes futurs. Rien, non plus, qui sente le poète de profession. Ses poésies sont les simples délassements d'un lettré délicat qui sait donner à de nobles pensers le manteau splendide et souple d'une langue incomparable. Écho des maîtres antiques, ses vers « coulent de source, et si l'on peut leur reprocher justement comme un air d'heureuse indolence, il est aisé de leur trouver ces beautés négligées dont les gens de lettres sont avides, et qu'ils ne rencontrent pas toujours [2] ». C'est ainsi que chantait Grégoire de Nazianze dans sa retraite tardive, alors que, dépris du monde, il n'avait plus que deux pensées : la poésie sur la terre et Dieu dans le ciel.

Pour ces raisons, — charmé d'ailleurs par la beauté des rythmes et entraîné par le mouvement des idées, — nous avons conçu et réalisé en partie, suivant nos forces, le projet de traduire en notre langue le sens caché sous les distiques alertes.

Mais traduire des vers latins en vers français n'est pas chose facile. Notre idiome, dépourvu, malgré la richesse de ses vocables, des rythmes qui font l'intime beauté du vieil idiome latin, ne rend qu'avec peine le caractère vrai

---

[1] Renan.
[2] M. Lavigne, *apud* Vidieu.

des mètres qu'il veut reproduire. Il saisit l'idée, il ne peut saisir en même temps le solide vêtement qui l'enveloppe. C'est le cas d'appliquer le proverbe italien qui veut qu'un *traducteur* soit le plus souvent un *traître : Traduttore, traditore*.

Pour éviter toute chicane, nous avouerons, si l'on veut, que *traduction* n'est pas ici le mot propre. Notre travail ressemble plutôt à ce qu'on appelle une *transcription* en musique. Préférant toujours l'idée poétique au mot à mot brutal, nous n'avons pas suivi le texte aussi servilement que certains traducteurs plus habiles l'eussent pu faire. Il nous semble néanmoins que nous sommes demeurés fidèles tout en restant libres.

Peut-être nous saura-t-on gré d'avoir tenté cette difficile entreprise. Heureux serions-nous, en tout cas, s'il nous était donné, en révélant au public l'une des faces les moins connues de sa fière nature, de mieux faire connaître encore ce vieillard de génie que Dieu maintient à la tête de son Église. Nous aurions montré qu'aucune gloire n'a manqué à cet homme, dont le prestige étonne les dernières générations de ce siècle.

I

Un mot classique, resté dans toutes les mémoires, nous apprend que le poète est un être à part, né avec l'instinct sublime des vers :

Nascuntur poetæ...

Rien de plus vrai. Quiconque n'a pas reçu ce don inné, cette force latente et créatrice qui ne peut venir que de Dieu, pourra être un homme de génie, grand orateur, savant hors de pair, puissant écrivain en prose ; il ne montera jamais jusqu'aux sommets habités par la muse. Le poète, comme l'oiseau, naît avec des ailes. Aussi lisez la vie des plus grands parmi ces hommes divins, vous les verrez tous épris dès l'enfance de la beauté des images et des rythmes, s'essayant à chanter, comme l'oiseau dont les ailes commencent à grandir s'essaye à voler sur le bord du nid, d'où il sortira bientôt libre et roi des airs. Tentative souvent stérile, mais marque certaine qu'ils ont ressenti « l'influence secrète », et que la nature a déposé en eux et l'amour de l'idéal et la puissance de s'élever jusqu'à lui...

Dès l'âge de douze ans, Vincent-Joachim Pecci, — l'enfant qui devait être un jour Léon XIII, — écrivait déjà les vers latins avec une facilité et une élégance merveilleuses pour cet âge. Il savait même y mêler déjà cette fine pointe d'esprit qui fait sortir une composition littéraire des banalités de l'école. Témoin les deux distiques qu'il fit un jour en l'honneur du P. Vincent Savani, une illustration d'alors, qui était venu visiter le collège de Viterbe :

> Je m'appelle Vincent; notre nom est le même.
>   Mais, hélas! que suis-je? un enfant!
> Du.moins puissé-je un jour vers la vertu suprême,
>   Comme vous, marcher triomphant[1]!...

Peu d'enfants, à cet âge, seraient capables de penser et de rythmer une pensée aussi délicate. L'idée antithétique qui en fait le fond accuse déjà, il faut l'avouer, l'éveil de la réflexion et du sens littéraire.

C'est que le jeune écolier de Viterbe connaît et pratique déjà les bons auteurs. C'est avec les poètes qu'il travaille, et c'est avec eux qu'il se repose. Sa jeune âme se nourrit de leur pensée comme l'abeille du miel des fleurs, et son admiration réfléchie le porte bientôt à l'imitation de ses immortels modèles. Il leur emprunte leurs expressions choisies, leurs notes graves et tendres, fines et légères. Mais si la forme est antique et romaine, le fond est moderne et chrétien. Chacun de ses vers est un hommage à la vertu.

On a conservé, en effet, une autre poésie latine composée un peu plus tard, et dans laquelle les tendances du poète naissant se révèlent plus encore. C'est une prière à saint Louis de Gonzague ; la voici librement traduite :

---

[1] *Carmina*, p. 25.

Élu maintenant dans la gloire,
Toi qui, dit-on, vainquis toujours,
Quand tu vivais, la horde noire
Des vices qui troublent nos jours ;

Voici qu'un faible enfant s'empresse
De mettre son cœur en tes mains,
Sachant que souvent la jeunesse,
Hélas ! s'égare en ses chemins.

Protège-nous, nous tous qui sommes,
Écoliers, les lutteurs futurs ;
Et pour que nous soyons des hommes,
Vide nos cœurs des feux impurs !

Nous courons à notre ruine ;
Sans tache autrefois, aujourd'hui
Nous pleurons la candeur divine,
Doux oiseau blanc trop vite enfui !

Oh ! que notre vie enfin change,
Et puissions-nous tous sans affronts,
Garder la pureté de l'ange
Éternellement sur nos fronts [1] !

On sent que ce morceau, où le talent et la piété s'allient si harmonieusement, sort des sources vives et profondes d'un jeune cœur sincèrement ému des dangers du présent et des périls de l'avenir. L'enfant est devenu un jeune homme, et voilà que le sentiment vient pénétrer et vivifier ses vers.

C'est la même inspiration qui lui a dicté le quatrain suivant, poétique félicitation à un ami, dont la jeune énergie avait triomphé noblement des attaques d'une femme perdue.

[1] *Univers,* 4 juillet 1891.

Il met ses fiers distiques sur les lèvres du vainqueur, cri d'indignation vertueuse sorti d'un cœur pur blessé par le spectacle du mal.

M DCCC XXXI

—

Pourquoi ce fard ? pourquoi cet air tendre ou moqueur,
O femme, où se trahit ton âme profanée ?
Va-t'en !... un poison sort de ta lèvre fanée,
Et, hideuse, une plaie est au fond de ton cœur[1] !

Heureux les jeunes gens qui, remportant de telles victoires, trouvent des amis dignes de les chanter !

Mais voici une autre poésie de jeunesse, qui me semble plus intéressante encore, parce qu'on y respire cette sincère mélancolie qui est l'essence même de notre poésie moderne. Vincent-Joachim l'a écrite à Carpineto, son village natal, où une cruelle maladie l'avait forcé de revenir. Il avait vingt ans.

M DCCC XXX

—

SUR MA MAUVAISE SANTÉ

A peine ai-je vingt ans, à peine si ma vie
Monte au-dessus de l'horizon,
Et voici qu'aux douleurs ma pauvre âme asservie
Pleure, écrasée en sa prison !

[1] *Carmina*, p. 31.

Mais qu'importent ces maux dont le fardeau m'accable,
  Et dont mon cœur se rit pourtant?
Plein de dédain, je puis, maladie implacable,
  Me consoler en te chantant !

Léon XIII.

J'ai perdu le sommeil ; en mon corps qui s'épuise,
  Sans retour la force a péri ;
Pour mes yeux affaiblis toute lumière est grise,
  Et mon front est comme meurtri.

La fièvre qui me ronge, en mes veines arides,
  Fait courir sa glace et son feu ;

> Ma poitrine est sans souffle, et j'ai déjà des rides :
>   Tout en moi s'en va peu à peu !
>
> En vain je me flattais, sur la foi de mes rêves,
>   D'avoir longtemps un lendemain ;
> Prêt à trancher le fil de mes heures trop brèves,
>   La Mort est là sur mon chemin !
>
> Qu'elle vienne !... La peur qui fait trembler le lâche
>   Ne me prendra jamais au cœur.
> La cruelle qu'elle est, qu'elle fasse sa tâche,
>   Je la vois venir en vainqueur !
>
> Affamé d'éternel, d'une si courte vie,
>   Non, je ne regrette rien, Mort !
> Heureux est l'exilé qui revoit sa patrie,
>   Et le nocher qui touche au port [1] !...

Ces sentiments admirables sont noblement exprimés en de beaux vers dont nous n'avons pu égaler la concision. Heureusement la mort, que le vertueux étudiant appelait avec tant de ferveur, ne voulut point de lui [2]. Le jeune Pecci trouva dans la trempe vigoureuse de son caractère l'énergie nécessaire pour résister aux défaillances de la nature. Bientôt même il reprenait ses ardentes études, s'élevant toujours vers l'idéal rêvé et toujours visité par la poésie.

[1] *Carmina,* p. 29.
[2] Abbé Moser.

II

Vincent-Joachim Pecci a parcouru, avec un succès toujours grandissant,. le cycle des sciences sacrées et profanes.
Il est docteur. Le voilà prélat domestique. Un peu plus tard
nous le trouvons à Bénévent, en qualité de gouverneur.
Perdu au milieu des montagnes sauvages, dans cette vieille
ville presque morte, il se console de sa solitude et des
soucis du gouvernement en s'adonnant à la passion favo-
rite de sa studieuse jeunesse. Il adresse à son prédécesseur
la courte mais charmante poésie qu'on va lire, poésie dans
laquelle il le félicite, avec autant de grâce que d'esprit,
d'avoir cédé au président du tribunal, nommé Palomba,
une partie du palais réservé au délégué pontifical. Palomba
était venu de Lorette dans la vieille ville samnite de Bénévent.

M DCCC XXXVIII

—

A MONS. ORFEI

On dit qu'à ses accents ta lyre triomphante,
Grand Orphée, apaisait les tigres et les loups.
Est-ce un charme pareil, qui de nos jours enfante
Un semblable prodige, ô noble aïeul, chez nous ?

Vraiment je le croirais, car un charmant poète
Fait entendre, ici près, des chants que tout bénit,
Colombe qui, venant de la mer inquiète,
Au toit de ma demeure a suspendu son nid[1]!...

Ce n'est là qu'un habile jeu d'esprit, dans le goût italien
de toutes les époques. Un rapprochement entre deux noms
propres en fait le principal sel. Mais on remarquera combien ce rapprochement est ici ingénieux, gracieux et pi-
quant.

Une autre fois il écrit, dans la langue de Pétrarque, un
joli sonnet à l'adresse d'un bellâtre trop fier de sa personne
et de son prétendu savoir. Lisez, et voyez quelle mordante
ironie se cache sous la gentillesse des vocables harmonieux :

M DCCC XLI

—

A FULVIO BELLELIO

Une brise d'en haut, souffle tombé du ciel,
D'une grâce divine a fleuri ton visage ;
Ton sourire charmant et ton œil fier et sage
Enchaînent tous les cœurs en des liens de miel !

Mais ton front devient-il tout à coup solennel,
Plein d'un dédain superbe et de mauvais présage :
Rampant, tout aussitôt chacun, sur ton passage,
Tremble, frémit, pâlit, pris d'un frisson mortel !

La science pour toi n'a plus aucun mystère :
Philosophe, orateur, poète, encore sur terre,
De toi ton beau génie aura fait presque un dieu !

[1] *Carmina*, p. 33-35.

Va donc ! ouvre ton aile, et monte au grand ciel bleu :
Un homme tel que toi, vraiment, ne saurait craindre
Que la dent de moqueurs puissent jamais l'atteindre !...

Mgr Pecci à Bénévent.

Ces deux poésies sont les seules qui nous soient par
venues de ce temps déjà lointain où Mgr Pecci était gouverneur de Bénévent. Peut-être n'en écrivit-il pas d'autres.
Ceux qui connaissent sa vie savent qu'il avait alors autre

chose à faire que de taquiner la muse. Il lui fallait lutter
à la fois contre les hauts seigneurs et contre les audacieux
brigands qui infestaient la contrée. L'ardeur qu'il déploya
en cette joute mémorable épuisa même sa santé, au
point de le conduire aux portes de la mort. La poésie, en
telles circonstances, n'était guère de saison. Les quelques
vers qu'il écrivit prouvent du moins qu'il ne l'oubliait pas.
Ils prouvent de plus le calme et la force de son esprit, car
il faut en vérité être singulièrement maître de soi-même
pour ciseler des œuvres si délicates en un milieu si agité et
parfois si tragique.

III

Mgr Pecci devient archevêque de Pérouse et se place tout de suite, par sa vaillance et sa sagesse, au premier rang parmi les évêques italiens. Au milieu des difficultés qu'une révolution monstrueuse amène avec elle, accablé de soucis et d'angoisses, presque toujours en lutte avec un gouvernement spoliateur, il n'en reste pas moins fidèle à la poésie. Il s'y réfugie comme en un paisible asile ; il s'y plonge de temps à autre comme à la source vivifiante où l'âme retrouve l'éternelle jeunesse.

Un jour il grave cette inscription sur la tombe à peine fermée d'un de ses prêtres, voulant ainsi perpétuer dans son clergé la mémoire d'une vie vertueuse :

M DCCC LXIV

—

SUR PIERRE PENNA

Jusqu'à l'heure dernière, ô saint vieillard, toujours
Tu brillas parmi nous par ton horreur des vices ;
Aussi, dans les mauvais comme dans les bons jours,
Toujours en toi ton peuple a trouvé ses délices [1]...

[1] *Carmina*, p. 45.

Un autre jour, il écrit ces trois distiques au bas d'un portrait, gracieuse improvisation dont un jeu de mots charmant relève la saveur.

M DCCC LXIV

—

A SÉRAPHIN PARADISIUS

Regarde ce portrait, c'est le portrait du prêtre
Qui conduit les brebis d'Hélène [1], près d'ici ;
Sa patrie et son nom ? Si tu les veux connaître,
Curieux, ce portrait peut te les dire aussi.
Le *Paradis,* là-haut, est sa patrie austère,
Et c'est un *Séraphin* au ciel comme sur terre [2] !

Un peu plus tard, il célébra en ïambiques l'invention de la photographie, montrant par son enthousiasme son amour du progrès. Il écrivit ces deux strophes sur l'album de la princesse Isabelle de Bavière, qui, paraît-il, est un photographe distingué.

M DCCC LXVIII

Fils des rayons, vivant portrait,
Oh ! comme tu rends bien l'image
De l'homme, et comme en un visage,
Beau front, bouche pure, œil distrait,
Tu sais tout exprimer, trait pour trait !

C'est là, génie, un pas suprême !
C'est le miracle de nos jours !...

[1] Sainte-Hélène, petit bourg non loin de Pérouse.
[2] *Carmina,* p. 49.

> Et celui qu'on nomma toujours
> Ton égal, nature que j'aime,
> Apelle, est surpassé lui-même [1] !

Et voici que les inspirations succèdent aux inspirations. Sans être des œuvres de longue haleine, les pièces qui suivent ont néanmoins plus d'étendue. Ruisselet à l'onde limpide, plus charmant aux regards que maints grands fleuves aux eaux troublées.

L'archevêque de Pérouse fait installer à ses frais une fontaine neuve sur la place de Carpineto. Pour perpétuer le souvenir du présent qu'il a fait à son pays natal, on lui demande de faire graver quelques mots sur le marbre du monument. Il rédige la belle inscription que voici :

M DCCC LXVIII

—

VOIX DE LA FONTAINE [2]

> Doucement je descends les flancs de nos montagnes,
> Et j'apporte en ces lieux mon onde avec bonheur.
>
> C'est Joachim Pecci qui l'offre à ces campagnes,
> Lui, du pays natal le plus récent honneur !
>
> Sans souci de ma source, à travers le mystère,
> Par des canaux nombreux je m'en viens jusqu'à vous,
>
> Et, pure voyageuse, en sortant de la terre,
> Je coule, ô citoyens, pour me donner à tous !

---

[1] *Carmina,* p. 57.
[2] *Id.,* p. 59.

Accourez donc ici ; ma puissance est diverse :
Toujours saine, je suis propice à la santé,

Je sais purifier partout où l'on me verse,
Et je répands partout la vie et la beauté !...

Persuadé qu'en ne fait de bien aux âmes qu'en s'approchant d'elles le plus possible, il s'intéressait à chaque élève de son séminaire en particulier ; il l'étudiait, il provoquait ces épanchements si faciles à la jeunesse ; il l'encourageait, il le relevait, il le guidait dans les sentiers de la vertu. Parfois, pour donner quelque délicat conseil, il appelait la muse à son secours, et il envoyait à un pauvre enfant troublé par les premières fièvres des passions quelque jolie pièce de vers comme celle-ci :

M DCCC LXXI

—

RECOURS A LA VIERGE DANS LA TENTATION

O mon fils, le démon infâme
Voudra, de son souffle empesté,
Jeter parfois dans ta jeune âme
Le venin de l'impureté.

Oh ! ne laisse pas sa main sombre
Ternir ta native pudeur ;
Vers la Vierge aux vertus sans ombre
Lève les yeux, lève ton cœur !

Pendant qu'à ta pure paupière
Viendront perler de chastes pleurs,
Te souvenant qu'elle est ta mère,
Enfant, conte-lui tes douleurs !

Et si la tentation cède,
Quand ton cœur aura combattu,
Dis encore : Mère à mon aide !
Affermis-moi dans ta vertu !

Héritier de ce ciel des anges
Où jouir est l'unique loi,
Jamais pour les terrestres fanges
Je ne parjurerai ma foi !

Arrière, Satan, âme impure !
Et toi, Vierge, lis triomphant,
De la plus légère souillure
Préserve à jamais ton enfant [1] !

Le poète a des encouragements pour tous.

Mgr Rotelli, alors chanoine, venait de prononcer l'éloge funèbre de Mgr Pascucci, évêque de Ptolémaïs, homme distingué entre tous par son savoir et ses vertus. Son discours avait produit une impression profonde. L'évêque de Pérouse félicita le jeune et brillant orateur dans cette remarquable pièce de vers latins.

M DCCC LXXIII

—

AU CHANOINE LOUIS ROTELLI

EN SOUVENIR DE L'ORAISON FUNÈBRE DE Mgr PASCUCCI, ÉVÊQUE DE PTOLÉMAÏS,
PRONONCÉE DANS L'ÉGLISE DU CARMEL

Si ma voix sait charmer, et si tu veux permettre
Que j'ajoute un rayon à ton sublime front,
O savant Rotelli, laisse ton ancien maître
Saluer un succès que tant d'autres suivront.

---

[1] *Carmina*, p. 65.

Pendant que tu pleurais le deuil qui nous accable,
Pendant que tu disais le progrès de ce mal
Qui nous ravit un saint dans sa marche implacable ;
Pendant que tu montrais ce prêtre sans rival,
Couronné de vertus et d'un mérite insigne,
S'avançant parmi nous, calme et majestueux,
La crosse d'or en main, le visage humble et digne,
Ayant pour auréole au front ses blancs cheveux,
Esprit profond, grand cœur plein de douceur exquise,
Vieillard au doux sourire et pontife éloquent ;
Pendant que tu peignais ce héros d'une Église,
Qui n'en saurait jamais revoir de plus marquant ;
Tous étaient là, saisis, tout yeux et tout oreilles,
Admirant à l'envi ton talent radieux.
Mais pendant ce discours scintillant de merveilles,
Nul plus que moi, mon fils, ne s'est senti joyeux.
Ah ! je me souvenais... Oui, bonheur sans mélange,
Je te voyais enfant, la joue en fleur encor,
Les yeux brillants, petit démon et petit ange,
Vif oiseau, toujours prêt à prendre son essor !
Quel heureux temps ! — Grandis, noble enfant, m'écriai-je ;
Vole vers le succès. Dieu t'a donné l'esprit ;
Puisse la muse, un jour, la muse au sein de neige,
Te ceindre du laurier qui jamais ne périt !
Que l'éloquence, ardente et pure enfant du Verbe,
Que la science enfin avec tous ses trésors,
D'honneur et de splendeur ornent ton front superbe !
Plus tard, quand ta jeunesse, en ses élans plus forts,
Atteindra les sommets de la philosophie,
Tu boiras à plein cœur aux flots de l'esprit pur,
Et, trempé pour jamais aux sources de la vie,
Tu monteras alors aux cimes de l'azur !

Le poète s'arrête ici, tout court, laissant au lecteur le soin de deviner si sa prophétie s'est réalisée.

Je ne sais rien de plus beau que cette suspension soudaine d'un aussi sincère enthousiasme. On pense que les souvenirs

évoqués ont fait jaillir les larmes et que la main tremblante
d'émotion n'a pu aller plus loin.

Voici un morceau non moins touchant.

Un de ses amis a perdu sa sœur, belle âme envolée au
ciel à la fleur de l'âge. Le malheureux frère, resté seul,
lève sans cesse en haut ses regards inconsolés. Mgr Pecci
compose pour lui cette élégie touchante, dans laquelle sont
peintes éloquemment toutes les fluctuations d'un cœur noyé
dans sa peine.

M DCCC LXXIII

—

PRIÈRE A UNE SŒUR [1]

La mer bondit, la mer écume ;
La vague monte aux cieux couverts,
Et la nuit, dans sa vaste brume,
Enveloppe tout l'univers.

Écoutez. C'est le vent qui pousse
Ses hurlements contre les flots,
Prêt à briser, dans sa secousse,
Hélas ! navire et matelots.

Notre chair tressaille d'angoisse,
Le souffle manque à mes poumons ;
Car, pour peu que le péril croisse,
C'est la mort sous les goémons !

Voyez : le père est tout en larmes !
Voyez : l'épouse au front brisé
Va succomber sous les alarmes,
Près de son fils terrorisé !

[1] *Carmina*, p. 79.

> Ma sœur, ma sœur ! vers vous je crie,
> Vers vous qui, dans la paix du port,
> Ne pouvez sans être attendrie
> Contempler notre triste sort !
>
> Oh ! pareille à l'astre sublime,
> Jetez sur nous vos feux amis ;
> Tendez-nous la main, et l'abîme
> Sous nos pas restera soumis.
>
> Hâtez-vous d'arracher à l'onde
> Ceux dont tout l'espoir est en vous ;
> Venez nous ouvrir l'autre monde,
> Le monde où les jours sont si doux !
>
> Là je pourrai, sur ma poitrine,
> O ma sœur, vous presser encor,
> Et dans l'éternité divine
> Louer Dieu sur les lyres d'or !

Il y a dans Pérouse un vieillard scandaleux, pêcheur impénitent, contre lequel l'évêque a usé tout son zèle. Le poète appelle sa muse, et écrit ces vers dans lesquels il flétrit et supplie tout ensemble le vieux et incorrigible satyre.

M DCCC LXXX

—

A GALLUS, TROP INDULGENT POUR LUI-MÊME [1]

> Pourquoi rester dans ta folie,
> Gallus, quand depuis de longs jours
> Ta triste faiblesse te lie
> A de si coupables amours ?

[1] *Carmina,* p. 61.

A peine si ta pâle joue
Se couvrait de duvets fleuris,
Tu n'étais qu'un enfant qui joue,
Et déjà ton cœur était pris !

Tu grandis dans la joie impure ;
Et chaque jour qui t'est donné
Ne fait qu'élargir la blessure
Dont tu souffres comme un damné !

Tu vieillis, et toujours esclave,
Voilà que, — terribles soufflets ! —
Une autre passion t'entrave
Et te traîne dans ses filets !

Quand donc finiras-tu ? Ton âme
Ne pourra-t-elle pas sortir,
Oh ! réponds, de la boue infâme
Où tu la fais s'appesantir !

Vieillard, si tu tardes encore
A rompre tes derniers liens,
Si toujours ce feu te dévore,
Quels derniers jours seront les tiens ?

Puis je vois, par delà la tombe,
Le gouffre où Satan est plongé ;
La mort te prend, ton âme y tombe,
Et Dieu par l'enfer est vengé !

Voici maintenant des hymnes religieuses, sortes d'odes latines du plus beau mouvement lyrique.

La première est en l'honneur de saint Herculanus, personnage héroïque, qui défendit Pérouse contre les Goths. Après sept ans de siège, la ville se rendit, et l'intrépide évêque fut martyrisé par le vainqueur. Cette hymne raconte sa légende.

M DCCC LXXVIII

—

Ferme soutien de la patrie,
Herculanus, salut à toi,
Salut!... Voici l'aube chérie
Du jour où Pérouse attendrie
Dans ses chants vient t'offrir sa foi.

Souvenirs que ce jour ravive!...
Totila, monstre aux coups trop sûrs,
Du Nord ayant quitté la rive,
D'une attaque toujours plus vive
Ébranlait nos tours et nos murs.

La citadelle est défendue;
Mais les morts en jonchent le seuil.
Alors, multitude éperdue,
Déjà de leur cité perdue
Les citoyens portent le deuil!

Seul invaincu, seul tu résistes,
O saint; les yeux sur l'ennemi,
Tu rends l'espérance aux cœurs tristes,
L'enthousiasme aux égoïstes,
Et la force au bras endormi.

Ta voix crie à la foule en armes :
Venez tous, et si vous m'en croyez,
Courons au combat sans alarmes!
Dieu, notre chef a vu nos larmes,
Et la foi sauve les foyers!...

Au cri vaillant qui les enflamme,
Tu vois nos aïeux accourir,
Et tous, ne faisant plus qu'une âme,

Combattent sous ton oriflamme,
Prêts à vaincre et prêts à mourir...

Sept ans [1], ô saint, ton fier courage
Soutint l'héroïque cité ;
Sept ans, sous le cruel orage,
Elle affronta l'horrible rage
Du Goth par la honte excité.

Alors tu tombas sur l'arène,
Illustré dans ce noble sort
Par ta foi puissante et sereine,
Et par la vertu souveraine
Qui brilla jusque dans ta mort.

C'est qu'hélas ! crime sans excuse,
La trahison se trouve là ;
Moyen dont seul le lâche abuse,
C'est qu'entré dans nos murs par ruse,
Dans sa colère, Totila,

A ton vaste troupeau t'enlève
Après t'avoir fait investir,
Et, sans te donner nulle trêve,
Livre ton front joyeux au glaive
Qui de héros te fait martyr !...

Et maintenant que le ciel même,
T'accueillant par des chants si doux,
T'a couronné du diadème
Et t'a donné le bien suprême,
Père et pasteur, exauce-nous !

Et toi, belle et chère patrie,
Pérouse, en ces glorieux jours,

[1] D'après les plus récents historiens, le siège n'aurait pas duré plus de sept mois. Le poète, sans rien préjuger, admet ici la première opinion comme plus poétique.

Du sein de ta vieille Étrurie [1]
Élève au soleil qui te rie
Le front altier de tes cent tours !

Enfin, si la guerre farouche
Vient encor s'abattre sur toi,
Qu'aucun ennemi ne te touche,
Et jusque-là, puisse ta bouche
D'Herculanus garder la foi !...

L'hymne suivante célèbre saint Constant, autre évêque de Pérouse, élevé tout jeune sur le siège épiscopal de sa ville natale. Il souffrit le martyre au temps de Marcus Aurélius Varus, sous le pontificat de saint Sotère.

Elle devait se chanter la veille de la fête, sur le soir.

M DCCC LXXVIII [2]

—

Chantez ! Mais toi, race impie et jalouse,
De ce saint lieu hâte-toi de partir,
Car c'est demain qu'on célèbre à Pérouse
    Constant, l'héroïque martyr.

Saint glorieux, force de la patrie
Que ton courage a couverte d'honneur,
Viens, redescends vers cette antique Ombrie
    Dont ta gloire fait le bonheur.

[1] Pérouse, dans l'ancienne délimitation des provinces italiennes, appartenait à l'Étrurie. L'Étrurie s'étendait, en effet, de la mer Tyrrhénienne aux Apennins et de la Macra au Tibre.

[2] *Carmina*, p. 105.

Un roi lui-même, importun à son âme,
En ce beau jour pâlirait à ses yeux :
Héros martyr, c'est toi seul qu'elle acclame
    Et toi seul qu'elle porte aux cieux !

L'hiver [1] sans doute, au loin sous la froidure
Blanchit les monts, tel un linceul mouvant ;
Et le soleil mouille sa chevelure
    Dans l'onde qu'apporte le vent.

Mais ni la nue ouvrant ses noires ailes,
Ni l'eau tombant de l'éther embrumé,
Rien ne saurait de tes vaillants fidèles
    Refroidir le zèle enflammé.

Voici déjà que la nuit, lente et sombre,
S'étend au loin. Regardez : à foison,
Sur les sommets, des feux déchirant l'ombre
    Flambent partout à l'horizon [2] !

Pendant ce temps sur les murs de la ville,
Prêtant leur bouche au plus beau sentiment,
Hommes, vieillards, vierges, en longue file
    Marchent religieusement...

Près de la châsse, — un Thabor, — le cortège
Arrive enfin par le peuple suivi ;
O saint autel, on t'entoure, on t'assiège,
    Et la foule crie à l'envi :

---

[1] La fête de saint Constant se célèbre à Pérouse le 2 du mois de février.

[2] Cet usage remonte à la plus haute antiquité. Chaque année, la veille de la fête de saint Constant, on fait à Pérouse une procession solennelle à la tombée de la nuit ; les hommes suivent avec des offrandes. On appelle cette procession la *prière des flambeaux*, parce que toute la ville est illuminée. Partout des torches, partout des cierges. Les villages voisins allument de grands feux dans les ombres en signe de joie. Il existe, relativement à cet usage, à la municipalité de Pérouse, des décrets aussi curieux qu'édifiants.

> « Du haut des cieux, ô toi, Pasteur et Père,
> Prête l'oreille à nos vœux embrasés ! »
> Et ce disant, tous, penchés sur la pierre,
> L'usent sous leurs brûlants baisers...

Cette poésie n'exprime que les sentiments de piété des Pérugins pour leur antique protecteur. Mais comme le poète a su relever et agrémenter son sujet! Ici une peinture délicate d'un usage populaire ; là une allusion charmante à quelque particularité propre à la fête. On dirait d'une ode d'Horace, tant la touche est légère, l'image juste et la langue enfin précise et ferme.

Ces deux hymnes, avec celle qu'on lira un peu plus loin, et qui commence par ces mots *Panditur templum,* contiennent les plus beaux vers que Léon XIII ait jamais écrits. « Je les ai lus et relus, écrivait naguère Mgr Rotelli, je les ai traduits en prose, tournés et retournés de mille façons ; à mes yeux ils ont résisté à toutes les épreuves de la plus sévère critique, et je me suis trouvé convaincu une fois de plus que leur auteur est vraiment un hymnographe remarquable, digne par l'élévation chrétienne de l'idée, la sûreté historique du fond et la pureté classique de la forme, de faire partie de ce siècle d'or de Léon X, où Sannazar, pour ne pas citer tant d'autres latinistes illustres, dictait ses hymnes fameuses en l'honneur de saint Gaudiosus et de saint Nazaire[1]. »

Une dernière pièce, écrite en distiques, clôt le cycle des poésies écrites à Pérouse.

Mgr Pecci est cardinal, il va être nommé camerlingue, l'ombre de la tiare se projette sur son front.

---

[1] *Carmina,* appendix, p. 124. *Letti et reletti, analizzati, stemprati in prosa, frugati et molestati in cento modi,* etc.

Sur le point de s'élancer dans la nouvelle arène où Dieu l'appelle, il regarde en arrière, et contemple d'un œil mélancolique la carrière déjà parcourue. Voici les vers dans lesquels, pour ainsi parler, il pose des jalons aux différents tournants de sa vie.

M DCCC LXXVII

—

A SON FRÈRE JOSEPH [1]

SOUVENIRS PERSONNELS

Oh! combien fortunée en sa fleur printanière,
Enfant du Lépinus aux coteaux radieux,
Fut ta vie autrefois sous le toit des aïeux!

Mais voici que tu pars. Loin de ta cime altière,
Viterbe dans ses bras charmants t'attire, et là
Tu grandis saintement, guidé par Loyola.

Tu pars encore. Un temps le Muti dans ta course
T'arrête; mais bientôt, école du savoir,
La noble Académie aime à te recevoir.

Manéra des clarté pures t'ouvre la source,
Pendant que, près de lui, des Jésuites encor
Vers les secrets divins dirigent ton essor.

Et puis tu marches. Et Rome a vu le sanctuaire
S'ouvrir devant tes pas, et tomber par surcroît
Sur ton front jeune encor tous les lauriers du Droit.

[1] *Carmina,* p. 83.

Sala paraît alors; prince, astre tutélaire,
Oublieux de sa pourpre, il parle à tes vingt ans
Comme un vieillard instruit par les leçons du temps.

Tu mûris. Parthénope et Bénévent ensuite
T'appellent, et tu vas par une juste loi
Gouverner les Hirpins plus heureux, grâce à toi.

Puis Pérouse, en ses murs placés sous ta conduite,
Prélat, t'accueille avec transport; et tu deviens
Et le guide et le chef de nos vifs Ombriens.

Mais de plus grands destins t'attendent : le saint chrême
Marque ton humble front, et sacré, tu t'en vas
Sur les ordres de Pierre aux lointains Pays-Bas.

Là, tu maintiens les droits du Pontife suprême
Et cette foi romaine en butte à l'agresseur,
Dont Pierre, en t'envoyant, t'a fait le défenseur !

Tu revois la patrie enfin ! Des noirs rivages
Tu reviens à Pérouse, où la joie et l'amour,
Unis pour te fêter, acclament ton retour.

Évêque, tu revois ces bienveillantes plages
Et cette ville à qui le ciel t'a fiancé,
Car de nouveau sur toi son grand souffle a passé.

Ainsi qu'une brebis dont la mamelle est pleine,
Alors pendant trente ans, du plus pur de ton cœur
Tu nourris le troupeau dont Dieu t'a fait pasteur.

Puis, te voilà vêtu de la pourpre romaine;
Puis, noble chevalier par un roi décoré,
Le collier de Belgique orne ton cou sacré.

Tes peuples à tes pieds empressés à te plaire,
Pontife aux fiers sommets par la gloire ravi,
A tes fils dans le Christ s'unissent à l'envi.

O lointains souvenirs ! Mais pourquoi te complaire,
Quand la seule vertu rend heureux ici-bas,
Dans ces honneurs d'un jour, trésors qui n'en sont pas ?

Quand déjà tu vieillis, c'est elle qu'il faut suivre
A travers la poussière et les brouillards épais ;
Car, seule, la vertu mène au lieu de la paix ;

Elle qui, lorsqu'enfin l'homme a cessé de vivre
Et que son dernier souffle au ciel s'est envolé,
Lui fait franchir le seuil du royaume étoilé !

Ce bien que désormais tu voudras seul poursuivre,
Ah ! puisse Dieu, touché par la Vierge du ciel,
L'accorder à tes vœux jusqu'au jour éternel !...

Après la nomenclature un peu sèche de tant de positions occupées tour à tour, le cardinal poète termine par les belles réflexions qu'on vient de lire. Grandeurs humaines, honneurs tant vantés et tant enviés, la pourpre elle-même, néant. La vertu, voilà la première richesse, la seule qui puisse assurer à l'homme un peu de bonheur. Je sais bien que ces maximes sont vieilles comme le monde, et qu'il n'est peut-être pas un seul écrivain qui ne les ait exprimées plus ou moins heureusement un jour ou l'autre. Mais ici, l'autobiographie qui les précède, cette vie d'un vieillard parvenu à la gloire par tous les degrés d'une élévation constante, cette brillante carrière dans le passé, cette haute position actuelle, tout cela leur donne une force inaccoutumée que semble doubler encore l'accent d'une sincérité absolue.

Voyons maintenant les œuvres poétiques, nombreuses encore, de la dernière période qui nous reste à étudier.

IV

Et maintenant voici que le cardinal Pecci est monté sur
le trône de saint Pierre. Il s'appelle Léon XIII, nom qu'il
va porter si haut, qu'au bout de quelques années il sera le
plus grand nom du siècle. En franchissant le seuil du
Vatican, le nouveau pape va-t-il laisser sa lyre sur les
marches de la porte de bronze et dire un éternel adieu à
ces muses qu'il a chéries et cultivées toute sa vie? Non,
Léon XIII sera pape et restera poète. En errant dans ces
vastes chambres d'où il n'est pas sorti depuis quinze ans,
il écrira encore des vers pour se distraire des travaux
accablants que nécessite le gouvernement du monde catholique en cette fin de siècle si troublée.

Un jour, il se souvient de cette inoubliable église de
Pérouse, qu'il a tant aimée. Il se rappelle la piété de son
peuple, les cérémonies splendides de ses fêtes solennelles,
et il raconte, en style mouvementé et hardi, le martyre de
cet illustre saint Constant, qu'il a déjà célébré une fois.

M DCCC LXXIX [1]

—

Le temple ouvert sur ton autel de gloire,
O saint Constant, montre mille clartés...
C'est le grand jour qui marqua sa victoire;
Vous, Pérugins, remplis de sa mémoire,
     Chantez.

Ils prétendaient, dans leur fureur chagrine,
L'humilier aux pieds de Jupiter;
Mais lui, riant du vieux dieu qui fulmine,
Jeune héros, il offre sa poitrine
     Au fer.

Des bains [2] alors ils ont fait bouillir l'onde;
La foule ardente accourt on ne sait d'où;
Et le préteur crie à sa suite immonde :
« Allons, jetez, jetez à l'eau profonde
     Ce fou ! »

C'est fait; il est dans l'abîme qui brûle.
Mais le héros se redresse et sourit :
« Cette onde est fraîche, ainsi qu'au crépuscule
L'eau dont la rive, au doux vent qui circule,
     Fleurit ! »

L'effroi saisit l'assistance hagarde,
Et le bourreau jure et grince des dents :
« Les fers ! dit-il à sa troupe qui tarde,
A la prison ! partez, et qu'on le garde
     Dedans ! »

---

[1] *Carmina*, p. 109.

[2] On sait que dans toutes les villes romaines il y avait des bains publics appelés *thermes*, et que ces rendez-vous de la foule étaient souvent le théâtre de la glorieuse mort des martyrs.

Soit!... le martyr ne craint aucune chaîne,
Son âme est libre... Il instruit son gardien,
Qui, s'arrachant à l'erreur qui l'enchaîne,
Devient, malgré Satan qui se déchaîne,
        Chrétien.

Mais le tyran n'en est que plus féroce;
Sa bouche écume; il saisit l'innocent,
Étreint ses pieds d'un lien plus atroce
Et fait jaillir, sous sa main de colosse,
        Le sang.

Infatigable et hardi dans le crime,
Il s'exalte, et, cruel sans remords,
Promet aux dieux, dont la fureur l'anime,
De l'héroïque et si tendre victime
        La mort.

Dans la prison, il le tue et l'enterre :
Vainqueur, Constant a gagné l'au delà !
Mais un chrétien, de ceux que rien n'atterre,
Entre dans l'ombre, au cachot solitaire,
        Et là,

Furtivement, il découvre les restes
Du jeune athlète enveloppé de nuit,
Et sur son cœur, hors de ces lieux funestes,
Serrant la tête aux traits déjà célestes,
        S'enfuit.

Prodige! alors dans la ville où nous sommes,
Pendant qu'il va sous son faix précieux,
(Il est bien juste, ô saint, qu'on te renomme!)
Le Tout-Puissant rend soudain à quatre hommes [1]
        Les yeux !...

---

[1] Ce jour-là même, quatre aveugles furent guéris en même temps sur le passage des reliques.

Noble Pérouse, un protecteur sublime
Te fut alors donné par l'Éternel;
Car désormais ce héros magnanime,
Ceint de lauriers, rayonne sur la cime
    Du ciel.

Toi donc, Seigneur, toi que l'antique Ombrie
Chérit toujours sans te trahir jamais,
Regarde, ô Dieu, notre noble patrie
Et daigne rendre à sa terre chérie
    La paix !

Enfin, toi qui, dans cette cité même,
Le soutenant dans son zèle de feu,
As dirigé vers la gloire suprême
Le saint Pasteur qu'elle honore et qui l'aime,
    O Dieu,

Sur cette mer qui s'agite et qui gronde,
Tu vois la nef de Pierre en désarroi;
C'est le moment de conduire sur l'onde
Celui qui n'a d'espérance féconde
    Qu'en toi !

Oh ! oui, puissé-je, à l'abri de l'orage,
Victorieux, toucher à l'heureux bord,
Et déposer, riant des vents d'orage,
Bientôt, Seigneur, mon flottant équipage
    Au port !...

Les préoccupations qui agitent le cœur du pontife éclatent dans ces dernières strophes. Les temps sont mauvais ; la manœuvre est rude ; le gouvernement est lourd aux mains qui le dirigent. Léon XIII souffre ; mais il étouffe aussitôt sur ses lèvres la plainte prête à s'en échapper et, les yeux au ciel, termine cette belle ode par un magnifique élan de foi et de confiance en Celui qui n'a jamais abandonné l'Église à l'heure des plus violentes tempêtes.

Aussi les graves soucis de sa haute charge ne l'absorbent-ils pas tout entier. Celui qui gouverne le monde se préoccupe du salut d'une âme!

Un autre jour, en effet, un jeune homme est présenté au pontife. Il a seize ans. Fils d'une famille illustre, il ne manque pas d'une certaine noblesse de sentiment. Par malheur, le démon qui tue la jeunesse l'a touché, et c'est pitié de le voir, les traits émaciés et le corps alangui, cette jeune et malheureuse victime du vice impur. Léon XIII est ému de cette rencontre. Il raisonne le jeune homme. Il lui parle de son salut, lui conseille de se retirer quelque temps dans un monastère, l'invite vivement à lire les *Fins dernières de l'homme*, ce livre d'or du divin Denys le Chartreux, et le renvoi enfin décidé aux plus énergiques efforts.

Quelques jours plus tard il envoyait la pièce de vers suivante, pour montrer au jeune homme qu'il ne l'avait pas oublié et lui rappeler sa promesse.

M DCCC LXXXVIII

—

A FLORUS

Jeune homme, dès longtemps une fièvre te brûle;
Dès longtemps, dans ton corps qui s'épuise, circule
    Un poison bien amer;
Poison que, sans pudeur, ta pâle lèvre avide
Va puiser, à plein bord des coupes qu'elle vide,
    Aux sources de l'enfer!

Je parle de ce vice, hélas! qui prend un ange
Et, féroce ennemi, le roule dans la fange
    Où le pourceau se plaît...

Ah ! par le ciel de Dieu, las enfin d'être esclave,
Secoue, il en est temps, la torpeur qui t'entrave
       Dans son lâche filet !

Léon XIII sur la sedia.

Fuis ces funestes bords où chantent les sirènes !
Fuis avec le chartreux ; sur les hauteurs sereines,
       Cherche un abri vainqueur ;

Là tu retrouveras le calme loin du monde,
Et la source qui lave, aux baisers de son onde,
Les souillures du cœur [1] !

Le jeune homme se raidit contre lui-même et se montra généreux. Son imagination ardente n'en travaillait pas moins, déroulant aux regards de son âme la peinture morbide des plaisirs sacrifiés. Il raconta ses tourments à son illustre directeur. Léon XIII, sans doute pour parler plus éloquemment à cette âme de feu, employa encore une fois pour lui répondre la langue enchanteresse :

M DCCC LXXXV

—

AU MÊME

Lorsqu'elle offre à ton cœur les images du vice,
        Va ! crois-m'en,
L'imagination, ô Florus, est complice,
        De Satan.

Perfidement, elle aide à sa perfide adresse ;
        Et ton sort,
Si tu ne sais miner son embûche traîtresse,
        Est la mort.

Lutte donc ! De son ciel, témoin de la bataille,
        Dieu te voit,
Prêt à te secourir si ta vertu défaille,
        Ou décroît !

Mais non ; la rage au cœur, ton ennemi terrible
        Cède et fuit,

[1] *Carmina*, p. 115.

> Et retourne, étonné de ta force invincible,
>   Dans la nuit[1] !

Au bas d'un de ses portraits, il écrit les deux distiques suivants, dont la fière allure rappelle le mot admirable de Grégoire VII : *J'ai aimé la justice et haï l'iniquité : voilà pourquoi je meurs en exil.*

M DCCC LXXXVI

—

> J'ai chéri la justice. Au cours de longs combats,
> J'ai su tout supporter, raillerie et secousse :
> Défenseur de la Foi, je ne fléchirai pas,
> Et jusqu'en mon cachot la mort me sera douce[2] !

Au milieu de ses travaux, la pensée de la mort se dresse souvent devant Léon XIII. Il ne songerait pas à mourir, du reste, que ses ennemis n'oublieraient pas de lui en rappeler le souvenir. Chaque jour, plusieurs feuilles stipendiées annoncent que le vieillard n'a plus le souffle. Le vieillard les laisse dire et faire, mais de sa main toujours ferme il burine ces vers, dans lesquels se révèlent et son mépris de la mort et sa foi inébranlable dans l'avenir de l'Église.

[1] *Carmina,* p. 117.
[2] *Id., ibid.*

M DCCC LXXXV

—

TROMPANT L'ESPÉRANCE DES IMPIES, LA SÉRIE DES PONTIFES ROMAINS
SE CONTINUE SANS INTERRUPTION

« Il est mort, clament-ils, gisant dans sa prison :
« Le pape pour jamais n'est qu'un cadavre immonde!... »

Folie! Un autre est là, debout sur l'horizon,
Dont les mains après moi gouverneront le monde[1] !

On se rappelle quel vif éclat jeta la tiare de Léon XIII en 1885. A ce moment le pape, choisi comme arbitre par la Prusse et l'Espagne dans la fameuse affaire des Carolines, reprenait tout à coup son rôle antique dans le monde moderne stupéfait. Jamais la main de Dieu ne s'était montrée plus manifestement dans l'histoire. Pour la première fois peut-être l'allégresse fit battre le cœur du pontife. Il saisit sa lyre, et devant ce triomphe de l'Église chanta la vision qui hantait son noble esprit.

M DCCC LXXXV

—

TRIOMPHE FUTUR DE L'ÉGLISE ET RETOUR DE LA PAIX
POUR LE BONHEUR DE TOUS

Voici que l'avenir se dévoile à mes yeux ;
Voici que mille éclairs se croisant dans les cieux,
Des signes rayonnants paraissent dans les nues!

[1] *Carmina*, p. 121.

Regardez ! Dès longtemps conjurés contre nous,
Tous les monstres, saisis de peur et de courroux,
Retombent dans l'abîme aux horreurs inconnues !

Les ennemis du Christ, obligés, malgré tout,
D'avouer un prodige éclatant tout à coup,
Vaincus par le remords, versent toutes leurs larmes ;

Les vieux ressentiments et les anciens combats
S'éteignent, et, spectacle admirable ici-bas,
A l'amour triomphant la haine rend les armes !

Que dis-je ? je revois les antiques vertus
Qu'un monde abâtardi ne reconnaissait plus ;
Je revois la Foi pure et la Pudeur sans tache ;

Bientôt la Paix féconde, au front ceint d'oliviers,
Ramènera les Arts trop longtemps oubliés,
Avec tous les trésors que son beau sein nous cache !

Et l'Italie alors, peuple sage autrefois,
Sous la main du Très-Haut sauve encore une fois,
De ses vieilles erreurs broiera l'idole infâme.

O terre d'Ausonie, espère en ce beau jour ;
En ce jour, ô patrie, à jamais mon amour,
Où l'Idéal et Dieu régneront sur ton âme !

C'est sur ce cri d'espérance religieuse et patriotique que s'achève le petit volume des *Carmina*.

Mais Léon XIII n'a pas abandonné ses distractions favorites depuis 1885, date à laquelle cette dernière pièce fut écrite. Les journaux religieux publient encore de temps à autre quelques-unes des inspirations du pontife.

Voici deux prières à la sainte Vierge, qui ont paru il n'y a pas longtemps, et que nous citerons en terminant ce modeste travail, heureux de laisser le lecteur sous l'impression de confiance et de piété qui s'en dégage comme un parfum.

I

A MARIE

O lutte ! Chaque jour, Satan, les yeux en flammes,
Vomit du gouffre noir tous ses démons infâmes.
Je succombe... ô ma mère, arrive à mon secours !
Sois ma force !... Puissance auguste et sûr recours,
Viens, sous ton chaste pied que Dieu fit invincible,
Écraser cette armée à l'orgueil inflexible ;
Viens ; c'est par ton seul bras que je puis vaincre encor
Les monstres qui voudraient flétrir la tiare d'or !...

II

MATER, AVE ; O PIA MATER, AVE

Mes oreilles sans cesse et mes lèvres toujours
Ont chéri la prière entre toutes élue,
Par laquelle le monde, ô Mère, te salue !
C'est que c'est toi ma joie et mes seules amours,
Toi mon espoir fidèle et mon puissant secours
Au jour où le malheur redouble ses morsures !
Quand donc les passions me feront leurs blessures,
Quand d'un deuil trop cruel mon cœur sera meurtri,
Si je suis ton enfant, ô Vierge, entends mon cri :
Oui, viens me réchauffer sur ton cher sein de mère !
Enfin lorsque la Mort sonnera l'heure amère,
Pose ta tendre main doucement sur mes yeux,
Et guide ma pauvre âme en son vol vers les cieux !...

Léon XIII est tout entier dans ces dernières pages. Il a
un but : pacifier l'univers, si profondément troublé dans nos
âges modernes, en faisant triompher partout les principes
de l'Évangile. Il déploie, pour arriver à ce noble but,
toutes les ressources de son activité et de son génie. Mais

il sent trop l'impuissance des efforts de l'homme pour y mettre sa confiance. Quelquefois, il est vrai, le succès soulève son âme de poète et l'emporte au pays des chimères. Alors il voit l'Église victorieuse et le monde heureux, et il salue avec enthousiasme l'aurore d'un nouveau siècle. Il nage, pour ainsi dire, en plein azur, comme l'aigle qu'un coup d'aile a fait monter au delà de la région des nuages ; seulement il n'y reste pas longtemps. Tout à coup le bruit des orages de la terre le rappelle vers la terre. Il y voit l'impiété tout envahir hardiment ; il entend le rugissement des passions déchaînées. Comme sur le lac de Génésareth, c'est une formidable tempête, c'est la mer démontée, ce sont les vents exaspérés jusqu'à la fureur, toutes les puissances de la nature lâchées contre la petite barque abandonnée, au fond de laquelle le Christ est endormi. A ce spectacle, le successeur de saint Pierre s'effraye et tremble à son tour, se sentant trop faible pour résister aux éléments conjurés ; il lève les yeux au ciel et il prie. Dans la nuit des derniers jours de ce siècle, il voit briller Celle que la tradition chrétienne a appelée l'*Étoile du matin*, et c'est à elle qu'il s'adresse, sûr que la Vierge, qui tant de fois déjà a sauvé l'Église, saura la sauver encore, et, par la grâce de son Fils divin, lui préparer des destinées nouvelles.

Puisse sa poétique prière être enfin exaucée, et puisse-t-il lui-même, au soir de sa vie féconde, voir monter la gloire de son Église sur les ruines de l'impiété vaincue !

———

UNE VISITE

A SAINT-PIERRE IN MONTORIO

I

Un soir, à Rome, il y a quelques mois, je montais avec mes amis jusqu'à Saint-Pierre *in Montorio,* sur le sommet du Janicule. Nous voulions vénérer sur cette hauteur, qui domine la ville éternelle presque entière, la place sacrée où le premier chef de l'Église expira dans les douleurs atroces de son crucifiement. Nous vîmes, en effet, le petit temple, d'une beauté si pure et si simple, élevé là par Bramante. Nous appliquâmes nos lèvres sur ce sol consacré par le martyre. Puis nous nous retirâmes pour courir encore, à travers les rues tant de fois déjà sillonnées par les pèlerins, à la recherche des belles œuvres et des grands souvenirs qu'on y rencontre à chaque pas.

Mais à peine sommes-nous sortis de l'église, que nous voilà saisis par le plus magnifique des spectacles. Le soleil penche sur l'horizon; mais avant de s'éteindre il jette dans le ciel des gerbes de pourpre et d'or, qui font comme

une gloire immense à la grande cité couchée à nos pieds.
Il dore les ruines des siècles païens, qui se dressent çà et
là; il fait étinceler les monuments innombrables que les
siècles nouveaux ont élevés à leur tour. Il enveloppe et
baigne tout ce que le regard peut embrasser, et, sous ses
splendeurs grandioses, embellit et grandit tout, comme
par la magie de je ne sais quel prestige.

Alors il nous sembla voir, élevée sur la sépulture de la
vieille Rome, la Rome nouvelle bâtie par les fils du Christ;
et, la dominant comme une montagne ou plutôt comme
un phare gigantesque, le dôme de Saint-Pierre et le vaste
palais du Vatican.

Je l'ai dit ailleurs, mais je ne saurais trop le redire, nous
eûmes alors une de ces visions qui ébranlent l'âme d'un
homme jusqu'en ses suprêmes profondeurs. L'Église nous
apparut telle qu'elle est véritablement, empire englobant
tous les empires, force divinement inéluctable, reine du
temps et de l'espace, création digne, en un mot, de Celui
qui l'a fondée pour sa gloire éternelle et pour l'éternel salut
de l'humanité.

Ce sont les pensées qui me vinrent à l'esprit en ce moment
inoubliable, que je voudrais consigner ici. Heureux
si elles pouvaient faire mieux connaître et aimer davantage
cette Église immortelle, devant laquelle les siècles devraient
être à genoux.

Beaucoup la haïssent et la blasphèment, parce qu'ils
l'ignorent, oublieux de sa longue histoire, ou ne voyant
en elle que l'infirmité inhérente à toute œuvre créée. Un
regard plus impartial et plus profond leur ferait découvrir
le divin dans cette institution prodigieuse, dont la force
défie toutes les puissances, dont l'indéfectible vitalité
défie tous les âges, seule chose, en somme, qui vive
quand tout meurt, qui grandisse quand tout décline, qui

prospère quand tout dépérit, et qui, lorsque les débris des
trônes et des peuples eux-mêmes jonchent le sol de tous les
pays du monde, toujours jeune en face de l'universelle ca-
ducité, en est encore, après dix-neuf siècles, à connaître
par elle-même ce que c'est que les ruines.

II

Mes amis essayaient de distinguer les monuments les
plus illustres dans la forêt de dômes et de tours que le
soleil couchant faisait saillir avec vigueur sur le flanc des
sept collines. Cependant je m'étais appuyé sur la balus-
trade de pierre qui contourne l'esplanade, et distrait seulement de temps à autre par les cris joyeux des enfants,
qui jouaient sur les terrasses des hautes demeures popu-
laires, j'essayais de me rendre compte, en l'analysant, de
la grande vision qui venait de m'émouvoir. Au loin, un
demi-cercle de petites montagnes arrêtait ma vue ; mais le
regard de l'âme ne connaît pas de barrières. Un premier
tableau se présenta à moi.

III

Tableau lamentable. C'était le monde antique avec toutes
ses laideurs : la Grèce, avec sa philosophie impuissante et
ses vices dorés ; Rome, avec son égoïsme féroce, ses conquêtes et son exploitation de l'univers, ses monstres d'em-

pereurs, son peuple brutal et sanguinaire ; sur toutes les
plages, l'homme gémissant sous le joug de l'homme, et
les dieux ignobles consacrant partout, par leurs exemples
légendaires, les pires instincts de bestialité et de cruauté ;
la femme opprimée, esclave au milieu des enfants dont
elle est la mère ; l'enfant jeté au fleuve ou écrasé sous la
pierre. Que sais-je ? Mille détails indescriptibles, preuves
du plus prodigieux abaissement qui se puisse imaginer.
Et du milieu de cette foule innombrable des peuples vi-
cieux et malheureux, un cri montait avec l'accent d'une
formidable angoisse. Mais rien ne remuait dans le ciel
qui semblait vide, et les siècles succédaient aux siècles
sans que rien vînt adoucir l'état désespéré du vieux monde.
Au fond, si dégénéré qu'il fût, l'homme n'était pas tombé
si bas dans le mal, qu'il n'eût conservé pourtant quelque
désir du bien. Deux choses le torturaient, la conscience de
son infamie et l'impuissance d'arriver à la vertu. Si seulement quelqu'un lui avait montré le chemin de la lumière !
Mais non, personne ne venait, et l'homme était comme un
enfant perdu dans un désert, qui meurt de soif et de faim,
et qui ne sait où il va.

IV

Mais tout à coup, voici qu'une grande lumière éclaire
le ciel et la terre. Je vois Bethléhem, et le Christ enfant,
couché dans cette petite crèche, au-dessus de laquelle
chantent dans la nuit les voix harmonieuses des anges.
Je vois l'étoile symbolique, et les mages voyageurs, pré-
mices des peuples conquis à la foi. Je vois l'Égypte et

Nazareth, Jésus adolescent et simple ouvrier; puis, plus tard, toutes les villes qu'il parcourt en évangélisant les pauvres. Douze apôtres et quelques disciples le suivent sur les chemins brûlés de soleil, aux bords des lacs et sur le flanc des montagnes. Il parle un langage inconnu jusque-là; et sa doctrine est si haute, si profonde, si douce et si divinement consolante, que les foules transportées s'écrient après l'avoir entendu : « Personne n'a jamais parlé comme cet homme. » Des miracles inouïs et sans nombre confirment ce qu'il affirme. L'humanité, assise dans les ténèbres de la mort, a vu enfin la lumière de la vraie vie. Elle qui errait comme un troupeau sans pasteur, elle a reconnu en Jésus-Christ son Dieu, son flambeau et son guide.

Hélas! après trente-trois ans de labeur divin, l'Homme-Dieu, saisi par la basse haine des Juifs, meurt sur une croix. Tout est-il donc terminé, et sa grande entreprise va-t-elle périr avec lui?

Non certes. Le Verbe qui s'est fait chair n'a pas voulu paraître au milieu de nous comme un éclair dans la nuit d'un ciel d'orage, pour disparaître aussitôt, en nous laissant dans des ombres plus profondes.

Il sort glorieux du tombeau au matin de Pâques; ses pieds parcourent encore quarante jours les sentiers de la terre, et quand il monte au ciel, le jour de l'Ascension, son œuvre est assurée. Il dit à Simon, fils de Jean : *Tu es Pierre, et sur cette pierre je bâtirai mon Église, et les portes de l'enfer ne prévaudront pas contre elle.* Sous les ordres de ce chef le reste des apôtres annoncera la vérité aux nations, et tous ensemble, par la prédication, par les sacrements, par la prière et par la vertu, ils perpétueront l'œuvre du Maître. Ils sont ignorants et faibles; mais l'Esprit-Saint, l'esprit de toute force, de toute science, source éternelle de toute fécondité, tombe sur eux au jour de la Pentecôte ; il éclaire leur ignorance de toutes les flammes du Ciel, il trempe leur cœur d'une trempe plus fine et plus solide que l'acier de tous les glaives, il en fait des inspirés et des héros.

Cette fois l'œuvre est achevée ; l'Église est née et constituée, née de la pensée et du sang du Verbe fait chair, fécondée par les ardeurs de l'Esprit descendu au cénacle : société complète dès son berceau, douée de tous les organes nécessaires à sa vie et à son développement ; grain de sénevé qui va devenir un grand arbre, ferment surnaturel qui va soulever irrésistiblement la masse inerte du genre humain.

V

Aidé des souvenirs que l'histoire offrait à ma mémoire en foule, dans cette ville même où j'étais, je suivis alors du regard de la pensée les développements et les luttes de cette Église divine, dont tout l'avenir semble reposer sur douze Galiléens sans autres ressources que leur foi.

Elle partait donc de la Judée avec les apôtres, marchant dans tous les sens, comme les flots de la mer qui avancent ensemble, toujours séparés et toujours unis, vers tous les rivages à la fois. Le vieux monde étonné entend alors pour la première fois le nom de Jésus-Christ, et, par un miracle incompréhensible, s'il n'est divin, l'austère doctrine de l'Évangile trouve dès les premiers jours des milliers d'adeptes dans les sociétés corrompues jusqu'aux moelles. Pierre vient d'Antioche à Rome, et installe sa chaire indestructible en face du trône déjà branlant des Césars divinisés. Paul, de persécuteur devenu apôtre, arrive à son tour, après avoir conquis sur son passage des cités entières à la foi. Et voici que l'Église, née d'hier, compte des catéchumènes et des amis jusque dans le palais de Néron.

Mais les dieux sataniques du paganisme, sentant leurs autels crouler sous eux, ne veulent pas mourir sans se défendre et se venger. Ils soufflent l'esprit de persécution au cœur des puissants. Pierre, le premier pape, est crucifié sur le Janicule ; Paul, le premier missionnaire, décapité sur la voie Laurentienne ; tous les apôtres disparaissent tour à tour dans les tourments, et pendant trois siècles entiers, chaque jour et à toute heure, la chair chrétienne souffre et crie, torturée par les bourreaux.

L'Église naissante devait infailliblement périr, étouffée et noyée dans le sang de ses propres adeptes.

Ce fut le contraire qui arriva. Elle grandit et se multiplia, comme si, en arrosant la terre, le sang des martyrs en avait fait jaillir partout une semence de chrétiens. Quand, au commencement du IVe siècle, Constantin le Grand monte sur le trône impérial, tous les persécuteurs étaient dans la tombe, et l'Église remplissait l'univers.

Cependant d'autres luttes l'attendaient encore. Avec Julien l'Apostat, en effet, la persécution change de forme. Julien est l'inventeur de la persécution légale, qui ne fait pas couler le sang, mais qui met hors la loi. Il veut que les fidèles soient des exilés au sein même de leur patrie ; il leur interdit la science et tout ce qui peut les aider à être de leur pays et de leur temps ; il défend d'enseigner les dogmes chrétiens, et, sous le masque d'une tolérance hypocrite, essaye d'écraser l'Église par tous les moyens. Les croyants sous son règne sont les parias de l'empire.

Mais bientôt Julien tombe, en blasphémant, sur un

champ de bataille où il trouve la mort avec la défaite, et l'Église de Celui qu'il appelait le Galiléen, délivrée encore une fois, poursuit sa course triomphante à travers les siècles.

Suivi de ses hordes farouches, voici Alaric, voici Attila, le fléau de Dieu. C'est comme si la mer, franchissant la barrière de ses rives, roulait tout à coup en un flux formidable ses flots houleux sur tous les pays de l'Europe. C'en est fait : le monde romain est noyé sans retour sous cette inondation de barbares, profonde comme un déluge.

L'Église va-t-elle périr, elle aussi, ensevelie sous cette armée immense et terrible, qui renverse tout sous elle avec l'implacable brutalité d'un élément ?

Non ; semblable à ces hommes dont le regard magnétique fascine les bêtes féroces, elle endort la barbarie au cœur des barbares, et courbant sous sa douce domination ces fronts indomptables, avec les sauvages du Nord elle crée les nations et les civilisations modernes.

Et voici que, à son tour, Mahomet fait flotter dans l'air son drapeau de crin de cheval. Il s'élance, suivi de ses Arabes fanatisés, qui, sabre au clair, bondissent sur leurs chevaux rapides et s'avancent en jurant d'exterminer ces *chiens* de chrétiens! L'Asie Mineure, l'Afrique, l'Espagne, sont à eux. Danger sans mesure. C'est une nouvelle invasion qui va passer sur l'Occident.

Mais l'Église veille. Elle lance contre Mahomet les héros de ses huit croisades, et elle sauve la civilisation en se sauvant elle-même.

Entre temps, les hérésies et les schismes, Arius, Sabellius, Pélage, Nestorius, Michel Cérulaire, se dressaient tour à tour contre la foi traditionnelle, et s'acharnaient à déchirer en mille pièces la robe sans couture de Jésus-Christ. Sombres jours, où l'Église parut devoir succomber sous l'erreur envahissante. Cependant l'époque où elle

Le Sauveur du monde.
(D'après le tableau de Fra Bartholomeo.)

sembla le plus près de la ruine, ce fut celle où Luther, Henri VIII et Calvin, suivis de l'Allemagne, de l'Angleterre, de la Suisse et de cent provinces, se ruèrent ensemble sur l'antique édifice avec une fureur qu'aucune haine n'avait égalée dans le passé. L'Europe entière sembla tombée dans le chaos.

Mais à toutes les dénégations de l'erreur, l'Église répondit dans ses conciles par l'affirmation de la vérité; elle est restée debout au milieu des ébranlements de tant d'orages, gardant ses dogmes inviolables quand les nations n'en voulaient plus, et attendant des jours meilleurs avec cette calme confiance que lui donnent les promesses éternelles.

Et voici, plus près de nous, d'autres épreuves non moins périlleuses. Voltaire ricane, et son ricanement ébranle le monde ; la Révolution tue, et toutes les institutions du passé roulent pêle-mêle dans le fleuve de sang qui inonde la terre. Encore une fois l'Église est à deux doigts de sa perte.

Je regarde et j'écoute.

Volaire est mort et ne rit plus; la Révolution, quoique vivante, vieillit, s'épuise et se transforme, et l'Église à cette heure est plus forte que jamais...

VI

Ce regard en arrière remplit mon âme d'une consolation indicible.

Va, disais-je en moi-même, va, sublime institution de mon Dieu. Née dans le sang, tu es appelée à grandir dans les tempêtes; mais tu es immuable comme la vérité et la vertu.

VII

Il est visible, en effet, que l'Église est bâtie pour l'éternité, qu'elle est la plus grande construction sociale et la plus haute conception morale qui ait jamais été. Avec sa hiérarchie si absolue et si douce, ses dogmes éternels, sa morale inviolable, sa discipline puissante, elle ne ressemble à rien de ce qui a été conçu et réalisé par les hommes. Semblable à ces héros de la fable, dans les veines de qui coulait le sang des dieux, elle vit et combat sur la terre, mais une sève circule en elle qui n'est pas de la terre. C'est par là qu'elle est immortelle.

N'eût-elle pas dans sa constitution même ces garanties de vitalité certaine, qu'elle les trouverait dans la continuelle intervention de la Providence, qui à l'heure du péril intervient infailliblement pour la sauver.

Oui, on cherche quelquefois le doigt de Dieu dans les choses de ce monde. Ce qui frappe l'esprit, c'est le désordre le plus bouleversé. Rien qui révèle une volonté menant les faits. On dirait que le hasard est maître et que le gouvernement de l'univers est à la plus folle et à la plus aveugle des fatalités.

C'est qu'on regarde mal.

Le doigt de Dieu est partout, et là où il se montre surtout, encore une fois, c'est dans l'Église.

Mille preuves en sont semées dans l'histoire.

Une bien éclatante près de nous.

L'Infaillibilité, avant sa définition, avait mis toutes les

âmes en feu. Sectateurs et adversaires dépassaient les
limites de la raison, et sur tous ces cœurs de frères, la
passion régnait en souveraine. L'Infaillibilité est déclarée.
Que va-t-il advenir? — Un schisme immense, séparant
l'Église en deux partis pleins de haine et de mépris l'un
pour l'autre...

Non. La guerre de 1870 éclate, et tient le monde hale-
tant pendant une longue année. Le dogme un instant tombe
en oubli, et il ne revient dans la mémoire des hommes
que pour être reconnu universellement et universellement
acclamé.

Le doigt de Dieu, que dis-je, la main de Dieu s'était
montrée tout à coup dans la fumée des batailles, flagellant
une grande nation couverte de crimes, et tout ensemble
protégeant son Église menacée.

VIII

Pendant que mes amis continuaient à étudier la topo-
graphie de Rome, je continuais à m'entretenir avec mes
pensées.

C'est déjà un émerveillement, me disais-je encore, que
de voir cette grande société naître si humblement, se déve-
lopper si rapidement, tout envahir si victorieusement, et
dans tous les siècles enfin si divinement protégée. Mais ce
qui n'est pas moins admirable, c'est la fécondité de son
passage à travers le monde. Des sectaires auront beau le
nier, l'histoire est là, encore une fois, qui montre avec la
clarté de l'évidence que tout ce qu'il y a de meilleur dans

notre civilisation vient d'elle. Policés ou barbares, tous les peuples modernes sont plus ou moins son œuvre, et ils n'ont de gloire, de grandeur et de vie que ce qu'elle leur en a donné. Elle a été leur institutrice ; bien plus leur mère...

Et je me rappelais alors tout ce que l'Église a fait pour cette humanité ingrate, qui la récompense si mal de ses bienfaits.

Dans l'ordre des choses religieuses, c'est elle qui a arraché les peuples à l'absurde domination des dieux antiques, en renversant leurs statues, en brisant leurs autels, en transformant en sanctuaires vénérables leurs temples purifiés, et surtout en substituant dans les âmes à une théogonie sans raison la connaissance raisonnable du vrai Dieu. C'est elle qui a arraché l'esprit humain aux doutes de la pensée en leur imposant la vérité éternelle, révélée par un Dieu, et enfin fondé ce culte en esprit et en vérité qui courbe l'homme au pied de son Maître dans une adoration qui, loin de l'avilir, l'honore et le grandit.

Dans l'ordre des choses morales c'est elle qui, étant le sel de la terre, a combattu l'antique corruption et fait triompher dans la conscience humaine les principes incorruptibles de l'Évangile. C'est elle qui a fondé la liberté, en détruisant peu à peu l'esclavage, travaillant, depuis saint Paul à Rome, jusqu'au cardinal Lavigerie dans les déserts de l'Afrique, à dompter ce fléau vivace que dix-neuf siècles d'efforts n'ont pu déraciner complètement ; elle qui a réalisé la véritable fraternité en imposant aux âmes la loi d'amour du Christ ; elle qui, la première avant les révolutions orgueilleuses, a proclamé l'égalité entre les hommes, en montrant dans le ciel un Dieu juste, Père et Juge des pauvres et des grands, des pauvres et des riches, incapable de faire acception de personne.

Dans l'ordre des sciences et des arts, c'est elle qui, en provoquant l'esprit humain à la recherche des choses divines, l'a poussé dans la voie de toutes les investigations et de toutes les découvertes. Un siècle devait venir, je le sais, où l'Église serait accusée d'avoir entravé dans tous les temps le sublime élan du génie. Ce siècle, c'est le nôtre. Mais l'Église peut répondre à cette accusation déloyale et infâme. Le temps qui détruit tout a respecté les œuvres inspirées par la foi; les plus grands noms dont s'honorent les lettres immortelles nous appartiennent, de Tertullien à Dante, de saint Augustin à Fénelon, de saint Jean Chrysostome à Bossuet. Les ancêtres de la science sont des nôtres, car Bacon, Newton, Kepler, sont des croyants; et, si l'on veut parler d'art, Rome, l'Italie et le monde entier par les belles lèvres des madones de Raphaël ou la bouche énergique des statues de Michel-Ange, proclameront l'antiquité vaincue par le génie des fils de l'Église.

Dans l'ordre des progrès matériels, c'est elle qui a développé la prospérité des nations en faisant défricher les steppes immenses des pays incultes par ses moines courageux, en montrant dans le travail un devoir sacré, et en prenant l'ouvrier sous sa tutelle.

Dans l'ordre des choses politiques, si cher au monde moderne, elle a tué la tyrannie en forçant l'autorité publique à reconnaître ses devoirs envers les peuples; et, en élevant la dignité humaine à la hauteur d'un principe, elle a créé et consacré toutes les libertés légitimes.

Dans l'ordre des revendications sociales, en prêchant à tous la justice et la charité, seule au monde, elle a donné la seule solution raisonnable et possible aux plus redoutables problèmes.

Bref, elle est intervenue avec une infatigable sollicitude dans toutes les questions qui intéressent la vie de l'homme ici-bas et là-haut ; sur le chemin qu'elle a parcouru depuis dix-neuf siècles, elle a semé les bienfaits de toutes sortes à profusion, et aujourd'hui encore nous n'avons rien de bon qui ne nous vienne d'elle.

IX

Comme j'achevais ces réflexions, un rayon plus brillant du soleil couchant frappa la coupole de Saint-Pierre, et alluma dans les vitres du Vatican toutes les flammes d'un immense incendie.

L'Église vivante est là, me dis-je, avec ce grand vieillard vêtu de blanc qui est son chef. Avec lui, elle continue à enseigner le genre humain, à le moraliser, à l'élever au-dessus de la terre ; avec lui, elle prend encore le parti des faibles contre les forts, prête à donner la paix aux nations déchirées.

Et qu'est-ce que les peuples ont fait pour elle en reconnaissance de tant de bienfaits reçus ? Quoi dans le passé ? Quoi dans le présent ?

Dans le passé, des persécutions incessantes. Dans le présent, des persécutions incessantes. A telles enseignes qu'à cette heure même, le souverain pontife ne peut franchir la porte de Bronze, au seuil de laquelle veillent les suisses bigarrés. Le vicaire du Christ est enchaîné dans un palais !

Et ce n'est pas tout. Les sectes ont juré d'anéantir l'Église ; elles la persécutent par les lois dans les parlements ; elles jettent chaque jour dans la presse l'insulte à

son front vénérable et la boue sur sa robe blanche ; elles
suscitent contre elle des haines aussi féroces qu'inextin-
guibles ; elles élèvent jusqu'aux astres quiconque est son
ennemi, multipliant les apothéoses et les statues, jetant de

Saint-Pierre de Rome.

la poudre aux yeux des humbles, et faisant dans le monde
tant de vacarme et tant d'ombre, que la vérité ne peut plus
se faire voir ni entendre.

A ces pensées, je sentais mon cœur bondir d'indignation
et se fondre de tristesse.

Mais tout à coup, au milieu des reflets étincelants, il me
sembla qu'une fenêtre du palais pontifical s'ouvrait.

Léon XIII se dressait en face de moi comme une apparition blanche, ses lèvres s'agitaient doucement, mêlant le sourire à la parole, et, malgré l'éloignement, je saisissais chaque mot de sa bouche, comme s'il m'eût parlé à l'oreille.

« O mes fils, disait-il, ne craignez pas : Dieu est avec nous ! Divin écho de la vérité éternelle, l'Église, comme son Maître éternel, sera toujours un signe de contradiction parmi les hommes.

« Seulement, vous, soyez fidèles et vaillants.

« L'Église a le pouvoir et le devoir d'enseigner ; acceptez sa doctrine.

« L'Église a le pouvoir et le devoir de sanctifier les âmes ; profitez des ressources surnaturelles qu'elle vous offre pour assurer votre salut.

L'Église a le pouvoir et le devoir de gouverner ; laissez-vous conduire. Ceux qu'elle guide ne s'égarent pas.

« Et puis combattez le bon combat. Respectez-la pour ceux qui l'insultent ; aimez-la pour ceux qui la haïssent ; servez-la pour ceux qui la trahissent ; vengez-la en vous montrant dignes d'elle à la face de ses impurs et impies détracteurs !

« Serrez vos rangs, catholiques de tous les pays ; souvenez-vous que votre cause est immortelle et que votre drapeau est invincible. »

X

Je n'entendis plus rien, je ne vis plus rien. Je levai les
yeux : le soleil était couché. Au loin les petites montagnes
s'effaçaient, s'enveloppant peu à peu dans le grand voile
d'ombre qui tombait lentement du ciel. Je rejoignis mes
amis, et nous descendîmes par le Transtévère. Mais au milieu de la foule bruyante qui s'agite en ces quartiers popu-
laires, la grande vision de l'Église me suivait partout. Je
sentais mon cœur plein d'elle à en déborder. Comme si
les attaches sacrées qui m'enchaînent à elle fussent devenues tout à coup ce triple lien qu'aucune force ne peut
briser ; je jurais de ne rien réserver pour moi dans une vie
qui lui appartenait tout entière ; et tel était mon enthousiasme, que j'appelais comme un bonheur l'occasion de
travailler, de me dévouer, de souffrir et de mourir pour
elle.

FIN

TABLE

SOUVENIRS D'ITALIE

VÉRONE

PADOUE

FERRARE

BOLOGNE

ASSISE

ROME

MONTE CASSINO

LE RETOUR

LÉON XIII POÈTE

UNE VISITE A SAINT-PIERRE IN MONTORIO 137

OUVRAGES

DE LA MÊME COLLECTION

FORMAT GRAND IN-8º — 3ᵉ SÉRIE

CHAQUE OUVRAGE EST ORNÉ DE PLUSIEURS GRAVURES